# スコットランド「ケルト」の誘惑

幻の民
ピクト人を追って

武部好伸
takebe yoshinobu

言視舎

# はじめに

ずっと気になっていたことがあった。１９８８年以降、ヨーロッパに点在する「ケルト」の関連地をほぼ隈なくまわり、現地でさまざまな知見と情報を得ることができたのだが、なぜか充足感を持てなかった。それはひじょうに重要な地域が欠落していたからである。

そのエリアとはスコットランドの本土。イギリス（連合王国＝ＵＫ）は、首都ロンドンを抱えるイングランド、北部のスコットランド、西部のウェールズ、海を隔てた北アイルランドから構成されている。スコットランドは北海道とほぼおなじ広さで、イギリス全土の約3分の1を占めている。そこに約５１２万人（イギリス全体の11分の1）が暮らしている。元首はエリザベス女王で、独自の自治政府と議会を持っている。

そのスコットランド、ぼくを「ケルト」の世界に導いたスコッチのシングルモルト・ウイスキーの故郷であり、古代の「ケルト」をいろんな面で受け継いでいるとされる〈ケルト文化圏〉のなかでもアイルランドとともに大きな位置を占めている。２０１4年9月には、イギリスからの独立を問う住民投票が実施される予定で、なにかと注目されつつある。

１９８８年、ぼくはスコットランドの「ケルト」を探る旅に出かけたが、その地は西部海域に浮かぶヘブリディーズ諸島だった。どうしてそんな島々をめざしたのか。それは「ケルト人とはケルト語を話す人たち」という定義に従い、ケルト語の一種スコットランド・ゲール語（ゲール語）が現在のスコットランドでもっとも多く話されている地域だったから。つまりケルト色の濃い地を選んだというわけ。それによってスコットランドの「ケルト」をある程度、説明できるのではないかと考えていた。

しかし、そのときからピクト人の存在がぼくの心に重くのしかかっていた。3世紀、スコットランド北部に広く定住していた蛮族を総称して、ローマ人が「彩色した人たち（ピクト）」と名づけた民族である。長年、「幻の民」とも呼ばれていた。なにやら記号めいた文様や図像を彫った立石（シンボル・ストーン）がそこいらに残っており、それらが猛烈に「ケルト」の匂いを放っている。言語的にもケルト語を操っていたらしい。彼らに肉迫せずしてスコットランドの「ケルト」を語ることはできないと思っていた。平たく言ってしまえば、大きな取りこぼしをしていたということだ。

さらにピクト人がエネルギーを発散していた暗黒時代のスコットランドで、いったいなにが起きていたのか。おなじケルト系のブリトン人やスコット人、ゲルマン系のアングル人、北欧から来寇したヴァイキングが歴史の舞台に登場しており、彼らとピクト人とのあいだでなにがあったのか、そのことも気になっていた。しかし資料が乏しく、その時代は厚い闇のベールに包まれており、いまなお真相がよくわかっていない。そうだからこそ、混沌とした暗黒時代の一端を探ることによって、スコットランドの「ケルト」の原点が見えてきそうな気がする。知られざるその素顔をのぞいてみよう。

# 目次

## II　ピクトの息吹 ―― 49

装丁・カバー写真――山田英春
本文写真――著者

# スコットランド全図

スコットランド
北アイルランド
アイルランド
マン島
イングランド
ウェールズ
ロンドン
シェットランド諸島
ラーウィック
クリッキミン
聖ニニアン島
ヤールショフ
ガーネス
バーゼイ島
オークニー諸島
カークウォール
ルイス島
外ヘブリディーズ諸島
サーソー
ケイスネス
サザーランド
北
海
スカイ島
ローズマーキー
フォレス
バーグヘッド
マンロッキー
アーカート
エルギン
マレイ
ネス湖
インヴァネス
ダフタウン
アバディーン
内ヘブリディーズ諸島
ハイランド
アンガス
アバレムノ
フォーファー
ダンケルド
アーブロース
ミーグル
マル島
オーバン
スクーン
パース
セント・アンドリューズ
アイオナ島
アーガイル
キルマーティン
スターリング
ダナッド
ファイフ
ダンバートン
フォース湾
エディンバラ
フィンラガン
グラスゴー
クライド湾
アイラ島
ローランド
ダンフリース
ギャロウェイ
アイリッシュ海
ウィッソーン

# I　ピクトの黎明

# ブロッホの残影

## シェットランド諸島

いきなり最果ての地から書きはじめる。シェットランド諸島（Shetland Islands）である。スコットランド本土の最北端から北東約170キロ沖の北海に浮かんでいる。真東350キロほどにノルウェーの港町ベルゲンがある。スコットランド東海岸の都市アバディーンまでとベルゲンまでは等距離だ。

100余りの島々からなり、そのうち16島に人が暮らしている。総人口は約2万3000人。最大の島が〝首都〟ラーウィック（Lerwick）のあるメインランド島。北緯60度以北にあるが、地図を見れば、オスロ（ノルウェー）やヘルシンキ（フィンランド）、サンクト・ペテルブルク（ロシア）とほぼおなじ緯度だとわかる。ヨーロッパ自体が高緯度なのだとつくづく思い知らされる。

800年ごろにノルウェーからヴァイキング（Viking）が渡来し、島々はスカンディナヴィアの濃厚な空気に覆われた。北欧との距離が近いので、シェットランド諸島の南方に位置するオークニー諸島（Orkney Islands）以上にその影響を受けた。1471年、島々を領有していたノルウェー＝デンマーク王国（ヴァイキングが造った国）がオークニー諸島とともにスコットランド王国に領有権を渡してからも、スカンディナヴィア色が強く残った。実際、地名の大半がヴァイキング時代につけられたもので、現在の島民の半数がＤＮＡ的にみて北欧に起源を持つとされている。

祭事でもヴァイキング由来のものが眼につく。毎年、１月最後の火曜日の夜、ラーウィックでおこなわれるウップ・ヘリー・アー（Up Helly Aa）はよく知られている。ヴァイキングの服装に身を包んだ男たちが街を行列し、最後にレプリカのロングシップ（長船）を燃やし、大声を上げるのだ。ひじょうに壮観な火祭りで、この日は世界各地からどっと見学者が訪れる。

「泥の入り江」。ノルド語（ヴァイキング時代の古いノルウェー語）でこんな意味を持つラーウィック（人口約７５００人）のフェリー桟橋に降り立ったとき、スコットランド本土とはまったく異なった地に来た印象を受け、ここもイギリスの一部なのかと理解するのに時間がかかった。

第一、スコットランドにいると、よく眼にするスコットランド旗がない。あのブルー地に斜めの十字を組み入れたセント・アンドリュー旗だ。それに代わって、街中に翻っているのがシェットランド旗。薄いブルー地に十字が刻まれている。その十字はしかし、北欧諸国とおなじように、縦線が左寄りにあるスカンディナヴィア十字が使われている。町の中心にあるマーケット・クロスから波止場に眼を転じたとき、ユニオン・ジャック（イギリス国旗）がたなびいていた。イギリスの領地であることを確認させる意味でそれを掲揚しているのだろうか。

バス・ステーションの名称も「ヴァイキング・バス・ステーション（Viking Bus Station）」。島民は背丈のある人がやたらと多く、どう見ても北欧人と変わらない。かぎりなくスカンディナヴィアに近いスコットランド。そう表現せざるを得ない。しかしよくよく見ると、極めて少ないけれど、黒毛で肌の色が濃い人を見受けられる。明らかに北欧系、本土のスコットランド人とは異なる。

　ラーウィックの街並みははっきり言って、商店が立ち並ぶメーン・ストリートのコマーシャル・ロードにしても、どこか陰鬱さをたたえている。曇り空も大きな要因になっているのだろう。なにせ年中、厚い雲に覆われている。しかも風が強い。西部の外ヘブリディーズ諸島（Outer Hebrides）も「風の島」の異名をとるが、それに比肩するほど風がビュービュー吹きまくっている。

▲ラーウィックの目抜き通りコマーシャル・ロード

　こんな厳しい環境にありながら、農業、漁業、石油産業、観光などで島民は生計を立てて暮らしている。ニシン漁が盛んだった１７７０～１８６０年は人口が増え、活気づいていたが、その後、漁業の不振によって沈滞期に入り、１９６０年までアメリカやニュージーランドなどへの移住が相次いだ。しかし70年代に大規模な油田がシェットランド諸島の東沖合の北海で発見されてから、島の経済と雇用が好転し、辺境の過疎地でありながらも、暮らしは安定しているそうだ。
「それほど悪くないですよ。冬でもあまり寒くならないし、雪もめったに降りません。曇り空と風も慣れれば、どうってことないですよ」
　ぼくが泊まったゲストハウスの主人は笑っていた。

## クリッキミンのブロッホ

北欧の息吹に包まれたシェットランド諸島を詳しく描写してきたが、じつは古層を探っていくと、まったくべつの顔をのぞかせる。

ラーウィックの目抜き通りコマーシャル・ロードを南下、途中から西へ折れ、スカローウェイ・ロード、サウス・ロードのアップダウンを経ると、右手にクリッキミン湖、左手にブレイ入り江が見えてくる。湖は「ロッホ（Loch）」と名づけられているが、どう見ても、大きな池だ。まわりはヒツジや馬が放たれている牧場と瀟洒な住宅地。両者がうまく共存している。

しばらくすると、「クリッキミン・ブロッホ（Clickimin Broch）」の標識が見えてきた。右側に伸びる道の約70メートル先に石の遺跡ブロッホがデンと構えている。ちょうど湖の南岸になる。もともとは小島だったが、いつしか陸続きになったという。

〝都〟の近郊にこんな立派な古代の建造物が残っていることに驚いた。上部はなくなっているものの、建造された紀元前1世紀ごろの情景が十分、イメージできる。建てられた当時は高さが15メートルほどあったという。内径は約20メートル。

もともとは紀元前600年ごろにきずかれた石の砦だったが、その後、修復を繰り返し、堅牢な建物になっていった。底部の壁の厚さが6メートルもあるのだから、怖いものなしだ。だれが見ても、防御を重視した砦に思えるが、なかに入ると、明らかに住居だとわかる。

その住人がピクト人（Picts）だったといわれている。このときまったく気づかなかったが、入

▲牧歌的な風景に溶け込むクリッキミンのブロッホ

り口の石にふたつの足跡が残っているそうだ。王（族長）の戴冠時に用いられたらしく、ここが当時のピクト人の主邑のひとつであった可能性が高い。

ヴァイキングの遺産が各地に点在するシェットランド諸島だが、彼らがやって来るまで、ピクト人の島だった。いわば先住民。その証しをいまに伝えているのがブロッホである。ドライストーン（乾石）の石塁を積んだ円柱の建物。一般に高さは5～10メートル。塔といっても差し支えがない。ひと言でいえば、防御機能を重視した住居ともいえる。

ブロッホはスコットランドでしか見られない特異な古代建造物で、紀元前700年ごろに建造がはじまったが、多くは紀元前100年～紀元100年の200年間に建てられた。つまりスコットランドの鉄器時代を象徴する建物なのである。

スコットランド全土で500ほど残っている。とりわけ北部のケイスネス（Caithness）、サザーランド（Sutherland）や西海岸、そして島々に点在している。島々というのは、北方のシェットランド諸島とオークニー諸島、西部海域のヘブリディーズ諸島などをさす。それらの地域では、ブロッホはランドマークのような存在になっている。大半が見晴らしのいい海辺に建っているのが特徴だ。

ブロッホには数世帯が家畜とともに密閉された空間のなかで暮らしており、室内はかなり異臭が漂っていたにちがいない。もし感染性の病気が蔓延したら、ひとたまりもない。いくら防御的な機能が充実しているとはいえ、現代人からすれば、きっと生活しにくかったのだろうと想像してしまう。

▲保存状況のいいムーザのブロッホ

ヨーロッパ大陸とイギリス、アイルランドを見渡せば、当時の住民の家屋はログハウスのような建物かカヤ葺きの家ばかりなのに、スコットランドだけどうして石を積み重ねた円筒形のブロッホが建てられたのだろう。これを建造するには甚大な手間ヒマがかかったはず。ブロッホが点在する場所はいずれもことのほか風が強いので、防風の意味合いが大きな理由だったのかもしれない。木も少なく、建材に石を使うしかなかった。防御を重視した建物を造らざるを得なかったのは、部族間の争いが激しかったからにちがいない。

シェットランド諸島には、ブロッホが70余もある。後日、ムーザ（Mouse）のブロッホを見た。ラーウィックの南約20キロに浮かぶ無人島のムーザ島に屹立している。紀元1～2世紀に建てられた。高さ13・5メートルなので、やや小振りだが、ほぼ完全に姿を留めており、スコットランドに残っているブロッホのなかでもっとも保存状態がいい。しかもてっぺんまで登れるブロッホはここだけだ。なんとしても足を運びたかったのだが、日程の都合で、対岸のメインランド島から遠望するしかなかった。

## 壮観な住居跡、ヤールショフ

メインランド島の最南端に位置するヤールショフ（Jarlshof）にもピクト人の住居跡がある。この遺跡に到達する直前、大きな道路が横切っている。しかも前方の上空に飛行機が飛来してくる。その広い空間はじつは道路ではなく、この島とスコットランド本土を結ぶ飛行機が発着するサンバラ（Sumburgh）空港である。当たり前だが、航空機の離発着時には人も車も横断できない。スペイン南部のジブラルタル（イギリス領）もおなじように道路が飛行場を横切っているので、待たされた覚えがある。

ヤールショフは世界的にも知られる古代遺跡だ。芝地のなかに石塁で構築された集落跡がうごめくように密集している。敷地は台形のような形で、広さは約50メートル×約80メートル。19世紀末、猛烈な嵐によって地面が露出し、偶然、発見されたという。

遺跡の説明文を一読し、吃驚した。なんと紀元前3200年の新石器時代から近世の17世紀までここに人が住んでいたというのだ。いまでは厳しい風土にさらされているが、この地は思いのほか暮らしやすかったとみえる。

ガイドブックを見開くと、新石器時代（紀元前3200～同1500年）、青銅器時代（紀元前1500～同600年）、前期鉄器時代（紀元前600～同200年）、後期鉄器時代（紀元前200年～紀元8世紀）、ヴァイキングの時代（8～13世紀）、中世の農家の時代（13～16世紀）、領主ロバート・スチュアート伯爵家の時代（16～17世紀）に分かれていた。それぞれの時代に造られた家屋がイラストの配置図に色分けされているので、わかりやすい。

▲ヤールショフに残るピクト人の住居跡

ぼくの関心は当然、後期鉄器時代、つまりピクト人が暮らしていた時期だ。遺跡の中央の南側に円形の集落跡がある。それがブロッホの残滓だった。ここでは上から内部をのぞき込めるようになっている。
その内側に3つのホイール・ハウス（Wheelhouse）がある。真んなかに大き目の部屋（居間）、そのまわりに小振りの部屋がいくつもついている。形状が車輪のように見えるので、ホイールハウスと呼ばれている。いずれも紀元3世紀以降、ブロッホを解体した石を再利用して、造られたものである。おそらく外敵の脅威が減り、防御重視の仰々しいブロッホに住む必要がなくなったのだろう。

ここで暮らしていたピクト人は農業、漁業、狩りに従事していた。家畜としてヒツジ、ブタを所有し、犬も飼っていたようだ。さらに海鳥の卵、アザラシの肉、油、皮、海草など海から得るものも少なくなかった。部屋と部屋をつなぐ地下通路（サテリアン）は貯蔵庫としても使われ、冬に備えて食物が保存されていたという。この時期の遺跡から、渦巻き文様を刻んだ円盤（臼？）が出土している。

ヴァイキングがヤールショフに来たのは800年代の前半だといわれている。源郷のノルウェーから帆船で2日間もあれば、ここに渡ってくることができる。彼らは850年以降、この地に定住し、北側に長さ20メートル以上のロングハウスを8棟、建造した。ヴァイキングの住居からピクト人の遺物が見つかっていないことから、北欧の脅威が到来する前にピクト人は去っていったものと思われる。おそらく本土へ渡ったのだろう。

スコットランドの有名な文豪ウォルター・スコット（1771〜1832年）が1814年にここを訪れている。そのころ古代の集落跡は地中に埋没していた。スコットは廃墟と化していた領主ロバート・スチュアート伯爵邸の一部を見て、17世紀のこの島を舞台にした小説『海賊』（1822年）を発表。そのなかで邸宅をヤールショフと名づけていた。その邸宅の跡がひじょうに年代

▲オールド・スキャットネス(左向こうに再現されたブロッホ)

がかって見えたので、ぼくはてっきりブロッホと見まちがえたほどだった。

## オールド・スキャットネス

ヤールショフの北側、サンバラ空港の西側にオールド・スキャットネスという古代遺跡がある。その入り口にこんな表示が書かれている。

「Old Scatness Broch and Iron Age Village」

日本語なら「オールド・スキャットネス ブロッホと鉄器時代の村」となろう。向こうの柵のなかに再現されたブロッホが建っている。

ここは見事なほど古代の住空間を再現している。カヤ葺きのブロッホ、8つの小部屋を持つ2階建てのホイールハウス、そして丸いラウンドハウス。計5つの建物がある。ホイールハウスのなかは迷路のようで、どこから出ればいいのかわからなくなった。石塁のあいだに土嚢がいくつも置かれていた。きっと石垣の崩落を防ぐためのものなのだろう。家屋のなかには暖炉があり、海辺のほうにはピートが積まれている。その情景を眼にすると、ピクト人がここで暮らしていたことが肌身で感じられた。

青銅器時代からこの地に人が定住していたが、紀元前5世紀ごろにピクト人の集落になったという。ブロッホは紀元前４００〜同２００年に、ホイールハウスは紀元前１００年ごろにそれぞれ建てられたそうだ。だからここのブロッホはかなり古い。

彼らはヴァイキングがやって来る直前まで暮らしていた。クマ、イノシシ、アーチ、V字などを彫った7〜8世紀のシンボル・ストーンや彩色された小石も見つかっている。ヤールショフとは異なり、ここではヴァイキングがピクト人の家を再利用していたという。ヴァイキングがやって来たとき、自分たちのロングシップ（長船）を燃やした。その形跡が見つかったそうだ。「海の民」であるのにどうしてそんなことをしたのだろう。それは彼らの暮らしに不可欠な船に死者の遺体を入れて、火葬した証しだと考えられている。火祭りウップ・ヘリー・アーでもそうしているのは、おそらくその名残なのだろう。

この集落は、１９７５年、空港へのアクセス道路を建造中にブロッホの一部が発見されたという。その20年後から大規模な発掘調査がおこなわれ、再現が進められ、いまのような形になった。ヤールショフといい、ここもなかなか立派な遺跡だ。シェットランド諸島でピクトの関連地にこうして巡り合えたことがなによりもうれしかった。

## オークニー諸島、ガーネスのブロッホ

シェットランド諸島の南約80キロに浮かぶオークニー諸島には約200ものブロッホが点在している。こちらのほうがはるかに多い。

オークニー諸島は大小70もの島々からなり、そのうち人が住むのは16島。人口は約1万9000人。大半がメインランド島で暮らしている。シェットランド諸島と同様、8世紀末から1471年にスコットランド王国に譲渡されるまで北欧のヴァイキングに支配されていた。当然、彼らの末裔が多く、文化、風習にもヴァイキングの色合いが濃い。だからそのことを意識する住人は概してスコットランド人としての自覚が薄く、みなオーケディアン（Orcadian）と胸を張る。オークニーの島民のことである。

ヴァイキングがやって来る前、つまり紀元前3世紀から紀元8世紀の終わりにかけて、オークニー諸島にもピクト人が定住していた。彼らはどこからシェットランド諸島とオークニー諸島という辺境の地へ来たのだろうか。本土からか。いや、そうではなく、アイルランドの北東部から渡ってきたのではないかといわれている。ということは、ピクト人のルーツはアイルランドにあるのか⁉

ヴァイキングの渡来後、彼らに吸収されていった集団もあったようだが、多くは本土のサザーランド、マレイ（Moray）地区などに移住し、それが北ピクト族の主流になったという説がある。

ブロッホは、オークニー諸島では「ブラッハ」と発音されている。そのなかで一番、見ごたえ

▲漁船が停泊するカークウォールの港

▲ピクト人の暮らしぶりがわかるガーネスのブロッホ

のあるのがガーネス（Gurness）のブロッホだ。〝首都〟カークウォール（Kirkwall）から北西約15キロ、アインハロウ水道に面したところにある。対岸にはラウゼイ島（Rousay）が浮かんでいる。

そこはブロッホというより、ひとつの集落だった。外壁もきちんとある。上部がなくなり、見るも無残なブロッホ本体とまわりに石の家屋の跡がそのなかにびっしり密集している。家は6棟ある。ブロッホをふくめ、材質はすべてドライストーン。敷地は50メートルプールがすっぽり入るくらいの大きさ。ブロッホは直径が約20メートル。高さは8〜10メートルだったと推定されている。

紀元前400年ごろにまず外壁と溝が造られ、同200年にブロッホ本体が建てられた。入り口に達するまで長い通路のようになっている。その周囲に前述した集落の跡がある。全体で30家族ほどが暮らしていたという。

ブロッホの手前に「シャムロック（Shamrock）」と名づけられた家屋跡があった。シャムロック（コメツブツユクサ）とは3つ葉の植物で、お隣のアイルランドの国花に選定されている。家屋の形態がそれとよく似ているので、そう名づけられた。これは紀元5世紀からヴァイキングがやって来た8世紀にかけて使われたピクト人のカヤ葺き農家だ。シェットランド諸島では、やや形状は異なるが、ホイール・ハウスと呼ばれている。1929年に発掘調査がはじまるまで、この家屋跡は草と土に覆われていた。

ヴァイキングの埋葬地（850年ごろ）もある。800年ごろ、この地にやって来た彼らは先住のピクト人の住居を有効活用していた。ここで見つかったのはひとりの女性の遺体。そのそばにヴァイキング特有の湾曲したナイフとブローチが添えられていたという。もちろんピクト関連の出土品も多い。ブロンズのピン、石のハンマー、秤の石、石のオイル入れ、鉄のナイフ（包丁）……。

アインハロウ水道をはさんで対岸のラウゼイ島の左手にミッドハウ（Midhowe）のブロッホが遠望できる。そこも比較的、保存状況のいい遺跡だ。次の章『Ⅱ ピクトの息吹』で紹介するバーゼイ島（The Brough of Birsay）をふくめメインランド島の北部一帯がオークニーの鉄器時代の中心地だったといえそう。

スコットランドの「ケルト」を形成したのは、ピクト人だけではない。あとで触れるスコット人（Scots）が大きな役割を果たしている。５００年ごろ、アイルランドからスコットランド西部に渡ってきた彼らこそ、スコットランドに強烈な「ケルト」のパワーを持ち込んだ張本人ともいえる。キリスト教とともにもたらされたケルト語の一種ゲール語がやがてスコットランド全土に広まり、それが今日、ぼくたちが言うところの「ケルト」の核心部分になっていった。

ところが、シェットランド諸島もオークニー諸島もスコット人の渡来がなかった。ピクト人のあと、いきなり北欧からヴァイキングが侵入してきたのである。だからゲール語の話し手はいなかったし、いまでもいない。いや、15世紀にスコットランド王国への併合後、本土から英語とともにゲール語を話す人たちが流入してきたので、ゼロではなかっただろう。でもメジャーな言語にはなり得なかった。

ゲール文化の象徴ともいえるキルトもバグパイプもない。当然、ゲール語由来の地名もない。オークニーとシェットランドで「ケルト」といえば、ピクト人が残したものだけのようだ。スコットランドにおいて、「ケルト」を形成する最大の要素であるスコット人とゲール語が欠落しているところに、北方諸島の特異性があるように思う。

## 「ケルト」とは？

### ケルト人の定義

「ケルト」という言葉を連発しているが、はて、その実体はいかに？　ケルト文化、ケルト音楽、ケルト美術、ケルト神話、ケルト語……。20年以上前から、日本でもいろんなジャンルで「ケルト」なる言葉を耳にする機会が増えてきたが、まだまだ〝市民権〟を得るまでには至っていない。いつまで経ってもマイナーな存在である。一時、「ケルト」はそれなりにブームになったけれど、ブレークとはほど遠かった。そういうところにぼくはなぜか惹きつけられる。

さて、「ケルト」と「ピクト」はどう絡むのか。そういうこともふくめ、ここで「ケルト」の概略を記しておこう。

まずケルト人とはなにか――。昨今、その概念と「ケルト」をめぐる学説が大きく揺らいでいる。これまでの定説はだいたい次のとおり。

ケルト人とは、古代のヨーロッパに定住していた民族集団。それは単一民族ではなく、インド＝ヨーロッパ語群に属するケルト語を共通にした部族の集合体である。だから、このように定義づけられる。

「ケルト人とはケルト語を話しているか、あるいは話していた人たち」

つまり緩やかな言語文化グループと言ってもいいだろう。もちろんＤＮＡ的な結びつきがあるとはいえ、それよりも言葉を絆にしている、そんな民族集団と考えるほうがいいかもしれない。だから住んでいる場所によってかなり風貌や体格が異なっていたと思われる。

ケルト人は前期鉄器時代に相当するハルシュタット（Hallstatt）文化の後期（紀元前7～同5世紀）の担い手とされている（これも異論が出ている）。生活圏はドナウ川の上流と中流域。ヨーロッパのほぼ中央である。ヨーロッパで青銅器時代から鉄器時代へと発展した時期に、彼らが重要な役割を果たしたということから、一般には「ヨーロッパの鉄器時代」＝「ケルトの時代」と呼ばれている。このように説明している博物館をぼくはヨーロッパ各地で数多く見てきた。

続く後期鉄器時代のラ・テーヌ（La Tène）文化期（紀元前5～同1世紀）にケルト人は隆盛を誇った。この時期に、渦巻き文様や組みひも文様、螺旋を使った流麗な装飾デザインが特徴のトルク（首環）や水差し、ブローチなどの手工芸品を数多く残した。架空の動物や魔物、奇妙な顔もしばしば彫られている。

▲ラ・テーヌ様式のトルク（首輪）〔スロヴァキア・ブラチスラヴァ歴史博物館〕

▲〈ケルト文化圏〉の国と地域（フランス・ブルターニュで買ったシール）

彼らが生み出した文化の総称、それがケルト文化である。地域によってちがいはあるけれど、全体的によく似た空気を放っており、概してひと括りにできる。そのなかでもラ・テーヌ文化期が際立っており、まさにケルト文化の象徴といわれている。

19世紀、近代合理主義の対極、つまりロマン主義が求めたものとして、あるいは民族主義的な意図から、いわば作為的に「ケルト」が持ち上げられ、歴史や考古学で浮き彫りにされたものとはかけ離れた神秘的・幻想的なイメージを与えるようになった。それが今日まで続いている。

さらに古代の「ケルト」を引き継ぐ地とされる〈ケルト文化圏〉の国と地域——アイルランド、イギリスのスコットランド、ウェールズ、コンウォール、マン島、フランスのブルターニュ、スペインのガリシア、アストゥリアス——から発信される音楽、美術、文芸などにも安易に「ケルト」の呼称がつけられ、「ケルト」がどんどん拡大解釈されつつある。本書で「ケルト」とカッコ付きで記しているのは、本来のケルトとは異なり、いろいろ派生したものをひっくるめて表現したいがためである。

## 野蛮なケルト人？

ケルト人が歴史の表舞台に登場したのは、紀元前6世紀（あるいは5世紀）のこと。ギリシア人地理学者ヘカタイオスが西方の異民族を「ケルトイ」（ギリシア語）と紹介してからである。当の本人たちはしかし、そう呼ばれていたことを自覚していたわけではないし、彼らがケルト人であったという確証もない。

ケルト人は自らの文字を持たなかった。とはいえ、ローマ人が使っていたラテン語など他民族の言語を拝借したり、アイルランドのオガム文字のように一部、独自に考案したりしていたけれど……。概して文字の使用がなく、そのため実像に迫るすべがなかった。が、古代ギリシア人やローマ人ら、いわば〝よそ者〟が書き記した文献や美術品によって、近代以降、少しずつ明らかになってきた。

それらによると、総じて好戦的で野蛮な戦士として描かれており、首狩りの習俗も広くおこなわれていた。死を恐れなかったのは、霊魂不滅と死後の世界を信じる、いわゆるドルイド教（Druidism）の影響がたぶんにあったと思われる。ガリア（現在のフランスとベルギー）ではいけにえの儀式もあったという。

農耕民としてヨーロッパ中西部に定住していたケルト人は各地へ移動をはじめた。部族間抗争の回避、人口増への対処、集落の疲へいなどが原因と考えられている。紀元前450年から約200年間、ケルト人の拡散がピークに達し、西はイベリア半島、南はアルプスを越えてイタリア半島、東はドナウ川沿いにバルカン半島をへて小アジア（トルコ）に至る広大な地域に住み着いた。その間、ローマ市中の占領（紀元前387年）、ギリシア・デルフォイ神殿の破壊（同279年）などで蛮名をとどろかせた。

彼らはヨーロッパ大陸をほぼ席巻したのに、小アジアのガラティア国以外は国家というものをきずかなかった。いや、きずけなかったのだろう。なにしろ部族の集合体にしかすぎなかったのだから、国家建設の意識なんてなかったにちがいない。

そうこうするうちに紀元前2世紀以降、台頭してきたローマの勢力に押され、やがてローマ文化に溶け込んでいった。アルプス、ボヘミア、リヨン、ボローニャなどケルト語由来の地名がヨーロッパのあちこちに点在しているのは、彼らがそれらの地に存在した証左を示している。

## 「ケルト」の新説

かつてケルト人はローマ人やゲルマン人に追われ、ヨーロッパ大陸からイギリス本島とアイルランド島へ渡っていったとされてきた。しかし今日、大陸から彼らが渡った形跡があまり見当たらず、遺伝子解析によってもこの説は否定されている。確かに住居の形態、埋葬方法などからしても、イギリス本島とアイルランド島の「島のケルト」は「大陸のケルト」と異なっており、独自な発展を遂げたとしか考えられない。

ならばいつから島々で「ケルト」が根づいたのか。アイルランド、スコットランド、マン島でケルト語のゲール語群が、そしてウェールズとコンウォール、フランスのブルターニュでブリトン語群が存続しているという事実をどう受け止めればいいのか。

さぁ、ここで新説が登場する。2010年に刊行された調査報告書『Celtic from the West』（オックスフォード・ブックス刊）にその全容が掲載されている。それによると、ケルト人は中央ヨーロッパではなく、イベリア半島からイギリス諸島、アイルランドにわたる大西洋エリアで勃興したのではないかというもの。これまでの定説を完全に覆す衝撃的な学説である。

1988年からはじまったポルトガル南部の発掘調査で紀元前7世紀の碑文がいくつも見つかった。それらは「タルテシアン（Tartessian）の碑文」と呼ばれる、主にフェニキア文字で書かれた石板である。そこに刻まれた文面がケルト語である可能性が高いというのだ。

遺伝子解析の結果も踏まえ、青銅器時代（紀元前2000～同750年）にすでに大西洋沿岸の広範な地域でケルト人が定住していたと新説は主張している。その説なら、もともとイギリス本島とアイルランド島にケルト人が暮らしていたことになるのだから、「島のケルト」の問題もきちんと説明がつく。ということは、ケルト人は西方から東方の中央ヨーロッパに移住していったことになるのだろうか。定説と真逆である。ひじょうに刺激的で、おもしろい。

しかし、これが「ケルト」発祥説の決定版だと断言するのは時期尚早だと思う。ほんとうにどうなのかは、いましばらく様子を見なければならない。あるいは今後、さらに新たな科学のメスが入り、またちがった学説が生まれてくるかもしれない。いまなお「ケルト」の根源が定まらない。そんな謎めいたところに魅力を感じている。

でも、こうした学術的な動向とは関係なく、ぼくは記者魂にもとづく現場主義をモットーに、「ケルト」に覆われた地を訪ね歩き、ルポしてきた。いわば、ジャーナリスティックな視線で捉えた「ケルト」。本書も基本はそうである。近いうちにポルトガルの「タルテシアンの碑文」をこの眼でしかと見届けたいと思っている。

ちなみにアイルランドで「ケルト」が事のほか注目されているのは、中世、キリスト教と結びついたことが最大の理由になっている。十字架と円環を組み合わせたケルト十字架（ハイクロス）、ケルト模様の装飾が際立つ『ケルズの書』『ダロウの書』といったキリスト教の福音書……。現在、「ケルト」といえば、こうしたアイルランドの「ケルト」を思い浮かべる人が多いだろう。ローマ帝国に侵食され、ヨーロッパ大陸ではもはや消失してしまった「ケルト」が、ローマ帝国に支配されず、土着の文化を保ってきたアイルランドで生き残り、中世になってべつの形で発展していった。

さて、ピクト人である。どうやら彼らは「島のケルト」の民だったようだ。デザインや文様を見れば、まぎれもなく「ケルト」的だと言えるし、肝心要の言語面でもケルト語を話していたといわれている。謎の部分があまりにも多く、ズバリ、ピクト人はケルト系だと言い切るのは短絡的かもしれない。でも、スコットランドの「ケルト」を考えると、ピクト人の存在はどうしても無視できない。

スコットランドにはピクト人のほかにも、ケルト系の部族がいた。南部に定住していたブリトン人（Britons）。そして、すでに述べたが、ローマ帝国がイギリス本島から退いた5世紀以降、アイルランド島から渡ってきたゲール語を操るスコット人。だから本書では、ブリトン人とスコット人についても触れてみようと思っている。

# 謎の民族、ピクト人

## ピクト人の概略

スコットランドの先住民ともいえるピクト人は、はるか北方のシェットランド諸島とオークニー諸島に足跡を残しているが、じつはそれらは飛び地のようなところで、スコットランド本土の広範な地域にわたって住み着いていた。なので、各地の博物館に足を運べば、必ずと言っていいほどピクト人についてそれなりに解説がなされている。

そのなかで、これぞという展示館がある。肉牛の産地、東部のアンガス（Angus）州にあるピクテイヴィア（PICTAVIA）。同州北部のブレッヒン（Brechin）市から東西にまっすぐ伸びるカースル・ストリートを西へ1・5キロほど歩いていくと、「BRECHIN CASTLE CENTRE（ブレッヒン・カースル・センター）」という表示が眼に入ってくる。その下に「PICTAVIA」の文字が書かれてある。

ピクテイヴィア。そのものズバリ、ピクト人の国のこと。ピクトを歴史、文化、伝統、風習などを通して解説する博物館である。まさにピクトの殿堂！　リーフレットには「スコットランドのケルトの過去を発見しよう」と明記されている。

仰々しい博物館ではない。アトラクション施設のようなたたずまいで、館内へ入ると、子ども

▲「ピクトの殿堂」ともいえるピクテイヴィア

づれが目立つ。それに展示品はすべてレプリカである。しかし文字による解説がめっぽう多く、子ども向けにわかりやすい文章で書かれてあるので、たいてい理解できる。

他の博物館で知り得た情報や資料などをもとに、ここでピクト人とはどんな民族だったのかをできるだけ平易に記したいと思う。


ピクト人（Picts）の名だが、3世紀末、イングランド北部まで進軍してきたローマ人兵士がハドリアヌスの城壁の向こう（北方）にいる蛮族を称して名づけたものである。具体的には297年、ラテン語の詩のなかでピクト人の名がはじめて出てきた。それまで彼らはカレドニア人と呼ばれていたのに、どうして呼び方を変えたのかはよくわかっていない。

「彩色した人、刺青を入れた人」

これがピクトの語源である。実際、体に色をつけた部族をローマ人が目撃し、その強烈な印象から、詩のなかに書き添えたのかもしれない。それが彼らの名として定着した。

しかし8世紀、アングル人（Angles）の聖ベーダ（St. Bede）がピクト人の風習について書いた記述には、刺青のことがいっさい触れられていない。だから彩色や刺青を施した人は一部だったのかもしれない。聖ベーダはさらにピクト人が母系社会と記録しているが、今日、これも疑問視されている。なぜなら、あとで詳しく記述するシンボル・ストーンに女性がほとんど描かれていないからである。納得できる。

12世紀のノルウェー人歴史家がこんなふうにピクト人を描写している。

「体型はピグミーよりも小さい。朝と晩に活動しており、昼間は力を失い、小さな地下部屋（サテリアン）で過ごしている」

この描写もまちがっている。発掘された遺骨から、ピクト人は現代人より少し低い程度であったことがわかっている。地下部屋というのは、鉄器時代の住居の一部で、貯蔵庫として使われていたとされている。

▲16世紀に描かれたピクト人の絵。恐ろしい首狩り族だ

81年にローマ軍が北進してスコットラン

ドに達したころ、ピクト人は10数部族がいたらしい。それが3世紀はじめ、北方と南東部（グランピアン山脈の東側）のふたつのグループに統合された。前者は今日のエルギン（Elgin）を中心としたマレイ（Moray）地方、後者は主にアンガスに定住していた。

果たして、すべての住人がおなじ部族（つまりピクト人）だったのだろうか。そこが気になるところ。生活圏はシェットランド諸島とオークニー諸島をふくめスコットランドのほぼ全域にわたっていたが、とりわけ東部に集中している。

かつて歴史家は、ピクト人が外国からの侵入者だと考えていた。「ケルト」の新説を踏まえれば、ルーツはイベリア半島辺りという可能性が高いと思われるが、現在、彼らは鉄器時代にスコットランド北部に住んでいた諸部族の子孫だという考え方が有力だ。つまり土着民。長い年月のあいだ、異なった部族が混血し、81年以降、南から侵入してきたローマ軍に対して果敢に戦ったことで、よりいっそう絆が強まり、文化や風習が均一化していったものと思われる。

ときにはローマ領内のイングランドへ攻め込んだときもあり、ローマからすれば、脅威以外のなにものでもなかった。だから、ピクト人の侵入を防ぐため、ローマ軍が今日のイングランドとスコットランドの境にハドリアヌスの城壁をきずいた（126年完成）。後年、さらに北方にアントニヌスの城壁を建てた（140年完成）。

6世紀以降、東部を中心に、あとで詳しく述べるシンボル・ストーンが作られ、徐々にピクト人の存在が際立ってくる。6世紀半ばにはピクト人の王（権力者）が出現する。おなじころ、キリスト教（ケルト教会）とともに西方からスコット人の勢いが増し、徐々にゲール文化が浸透し

▲ローマ帝国の北限を防御したハドリアヌスの城壁

てくる。そしてスコット人がもたらしたオガム文字をピクト人が借用するようになった。

8世紀の終わりにはオークニー諸島やシェットランド諸島など北部の領地が北欧のヴァイキングに奪われ、当地のピクト人が本土へ逃げたり、あるいはヴァイキングに同化していったりした。9世紀に入ると、ピクトの王家はスコット人のダルリアダ王家と混血していき、やがてスコットランド王家（アルピン家）に溶け込んでいく。

9世紀の末、ピクト人は歴史の闇のなかに埋まり、10世紀にはスコットランドのほぼ全域でピクト語がゲール語にとって代わられた。

こう書くと、ある日突然、ピクト人が消え去ったという印象を受けるが、そんなことはまずあり得ない。実際は構築されつつあった新たなスコットランドの風土のなかに組み入れられていったのであろう。もちろんその過程で、婚姻や交流を通じてスコット人、アングル人、ブリトン人、ヴァイキングといった異民族とゆるやかに融合していったと考えられる。

## ピクト語

ピクト人は書くことを必要としなかったとみえ、固有の文字を持たなかった。そのうえローマ人やアングル人ら異邦の民が書き残した文献も驚くほど少ない。だから彼らの実像がよくわからず、未知のベールに覆われていた。

「スコットランドの謎の民族」

長らくそう呼ばれてきたのもうなずける。

当たり前だが、話し言葉はあった。それはどんな言語だったのだろうか。ひょっとしたら、地名から探れるのではないか。ぼくは前々からそう思っていたので、ピクテイヴィアで眼にした解説文がひじょうに興味深かった。そこにはこんなことが書かれていた。

代表的なのが、頭にPitあるいはPetをつけた地名である。例えば、Pitmudie（ピトムディ）、Pitcundrum（ピトカンドゥラム）、Pitlivie（ピトリヴィ）、Pitkerro（ピトケロー）など。Pit、Petの意味は土地、農地を表す。明治の文豪、夏目漱石が訪れた保養地で、スコットランドで一番小さなウイスキー蒸留所といわれるエドラダワー（Edradour）蒸留所があるPitlochry（ピトロホリー）

は「石の多い土地」のこと。Pitkenned（ピトケネッド）は、ケネス（Kenneth）家の農地を表す。Pit、Petの接頭語を持つ地名は、東スコットランドに300以上が確認されている。とりわけテイ川流域とセント・アンドリューズ（St.Andrews）のあるファイフ（Fife）地方に多い。この言葉はピクト特有のもので、まぎれもなくピクト人の居住地、生活圏を表している。

Aberはふたつの川（水）の合流地点のこと。一番有名なのが北海油田の基地にもなっている東海岸の都会Aberdeen（アバディーン）。ほかにもアバフェルディ（Aberfeldy）、アベラワー（Aberlour）などaberのつく地名が少なくない。後者のふたつはスコッチのシングルモルト・ウイスキーの銘柄にもなっている。

この言葉を頭につけた地名は、じつはピクト固有ではなく、イギリス南西部のウェールズでも見られる。Aberystwyth（アベリストウィス）、Aberaeron（アベラエロン）、Abergele（アベルゲーレ）など。スコットランド東部とウェールズ。はるか離れた地域なのに、おなじ接頭語をつけた地名があるのは不思議に思えるが、ピクト人がウェールズ語と同様、ケルト語の一種ブリトン語群（p―ケルト語）の言葉を使っていた可能性を示唆している。コンウォール語、仏ブルターニュのブルトン語もおなじ語群に属する。ピクト人が当時の隣人でもあったケルト系ブリトン人と交流があったことも十分、匂わせている。

ピクト語の大半はブリトン語群だったというのが定説になっている。なかには非ケルト語も話していたといわれているが、全体としてブリトン語系の言葉を使っていたのなら、ピクト人はやはりケルト人だといえる。「ケルト人とはケルト語を話す人たち」という定義に従えばそうなる。

他のピクトの地名にはCarden（林）、Rert（雑木林）、Ianerc（空き地）、Caer（砦）、Pren（木）、Fin（丘）、Ihan（教会の土地）、Penn（先端）などがある。ただ、ピクト語単独は少なく、地名の多くは〝外来語〟ともいえるゲール語と結びついたものが多いという。

▲ピクト人が奏でていた小振りのハープ

ピクテイヴィアには楽器も展示されている。小振りのハープ、太鼓、鐘、ホルン、パイプなど。これらはシンボル・ストーンの図像から、ピクト人のミュージシャンが奏でていたであろう楽器の数々を再現したものである。説明書を読むと、狩りや戦いのときに音楽が使われていたようだ。

## 国立スコットランド博物館

スコットランドの首都エディンバラ（Edinburgh）の国立スコットランド博物館にも、ピクトに関する遺物が数多く展示されている。国立（ナショナル）というのは、イギリス政府ではなく、スコットランド政府が管轄していることを意味する。こちらはレプリカではなく、すべて本物である。

ロンドンの大英博物館とまではいかないけれど、展示が充実し、思いのほか館内は広々としており、見学者の多さにも驚かされる。先史時代から20世紀までのスコットランドの歩みを示す展示品を一堂に集めているので、すべてを見ようと思うと、とても1日では無理であろう。

スコットランドの「ケルト」に浸りたければ、「ピクト」の展示室に入ればいい。落ち着いた照明と静寂が漂う奥まった円形の部屋に、石の〝芸術品〟がいくつも並べられている。

花コウ岩の表面に刻まれた文様が、とにもかくにもおもしろい。いや、刺激的にすら思える。躍動感のあるイノシシに猛牛、マンガに出てくるようなコミカルな魚やガチョウ……。こうした動物に2枚の円盤をセットにしたものや三日月様のデザイン、さらにアルファベットの「Z」のような折れ曲がった線などが組み合わせられ、得も言われぬ独特な世界を生み出している。円盤のなかには、この世を構成する「大地」「水」「火」を意味する3つの脚「トリスケル（triskell）」が描かれているものがあった。トリスケルは「ケルト」の象徴といった図像だ。

馬に乗ってお酒を飲んでいる男が彫られた石もある。酒器は動物の角のようだが、その先端は鳥の顔になっている。そこにどんな酒が入っているのだろう。気になる。ほかに戦士が闘う様子、十字架をあしらったレリーフも見られる。表面にいろんな人物が配置されたものもある。なんだかひとつの物語になっているようだ。

これらはピクト人が500年ごろ~900年ごろにかけて作った「シンボル・ストーン」と呼ばれている立石である。その奇抜な文様に圧倒される。ほんとうに不思議な〈オーラ〉が発散さ

▲儀礼用のカブト

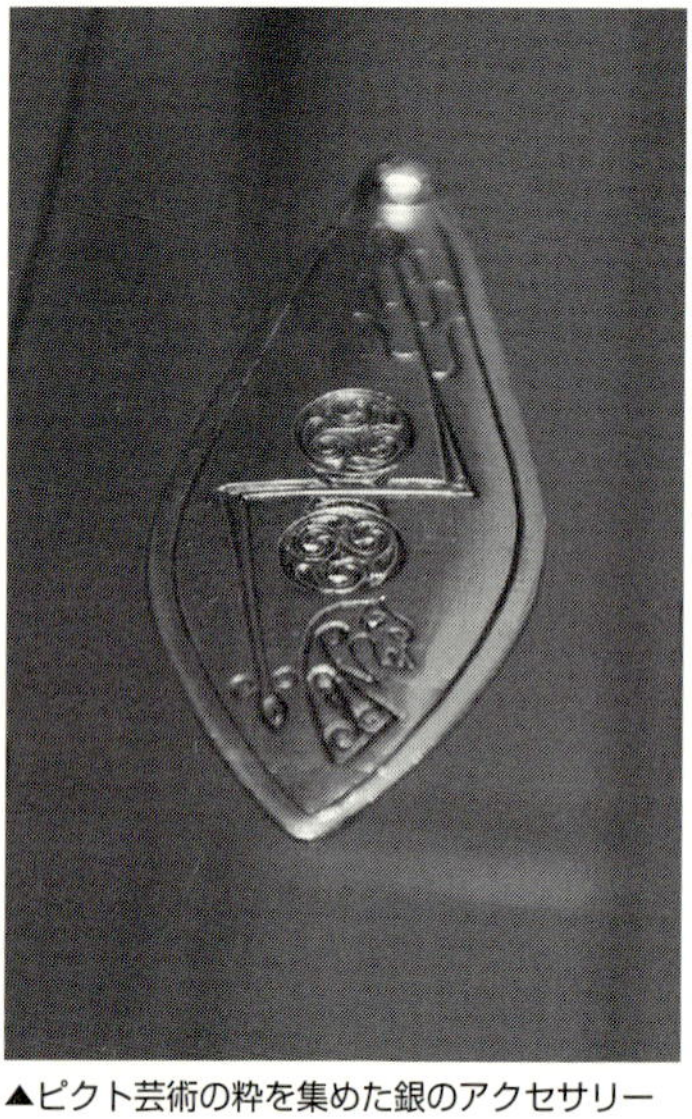

▲ピクト芸術の粋を集めた銀のアクセサリー

れている。どうしてかくも奇妙なデザインを施したのであろうか。写真ではなんども見たことがあるが、実際に目の当たりにすると、強烈なインパクトがあり、頭がクラクラするほどだ。すごい石だと思う。

展示室にはシンボル・ストーン以外にも興味を引く展示がいくつもある。ふたつの角が飛び出した儀礼用のカブト（青銅製）、イノシシの頭をかたどった戦闘時に吹き鳴らすトランペット「カルニックス」……。とりわけ2枚の円盤とZ様の線が融合し、得体の知れない動物が描かれた銀製の装飾品には目がクギづけになった。見事なほど調和のとれたデザインで、惚れ惚れとする。現代でもアクセサリーとして十分通用するだろう。

ピクト人のイマジネーションの豊かさは相当なものである。彼らが創造したいくたの優れた芸術品に接すれば、スコットランドの先住民ピクト人に対する興味と好奇心がさらに高じてくるにちがいない。さぁ、これからその世界を現地でじっくり見てみよう。

# Ⅱ　ピクトの息吹

# シンボル・ストーン

## アバレムノ、ピクトの石たち

民家が1軒、2軒、そして半分つぶれかかったような公民館らしき建物があるだけで、まわりは一面、麦畑と野原と牧場が広がっている。ここはアバレムノ（Aberlemno）というところ。アンガス州の州都フォーファー（Forfar）から北東約10キロ。ローカル・バスで10分ほど揺られてやって来た。

アバレムノという地名がなんともエキゾチックな響きを与える。前述したように、aberはふたつの水（川）が合流する場を意味する。lemnoは「ニレの森」というゲール語。元の綴りはleamhanaichで、それが英語風にlemnoになった。だから、アバレムノは「ニレの森の水（川）の合流点」ということになる。

しかしまわりを見渡しても、ニレの木と川らしきものがない。おそらく大昔はうっそうとした森だったのであろう。それが後年、伐採されたにちがいない。川のほうはレムノ・バンという名の川があったそうだが、いまは見当たらない。ゲール語が使われているということは、この辺りピクト人だけではなく、スコット人の影響が多分にあったということだ。

道路脇に奇妙なモノが立っている。左に20度ほど傾いた高さ約2メートルのスタンディング・

ストーン（立石）。左上が湾曲しており、見事なカーブを見せてくれる。その表面に躍動的な文様が彫り込まれている。一番上にヘビ。その下に二重の円盤がセットになっており、そこにZの線が絡んでいる。下には手鏡。まことに不思議なデザインである。見れば見るほど、見入ってしまう。

これは、国立スコットランド博物館のところで触れたが、ピクト人が彫った石「ピクト・ストーン」である。シンボル（文様、表象）が刻まれているので、「シンボル・ストーン」とも呼ばれている。眼の前の石はその典型的なもので、どこをとってもピクトのエッセンスがほとばしっている。同時に、「ケルト」らしさもビンビン伝わってくる。

▲これぞピクトといったシンボル・ストーン

裏側にまわると、シンボルは刻まれていなかったが、人為的に作られたカップ状の窪みがいくつか見られた。これらは新石器時代（紀元前4000〜同2000年）のころに作られたもので、そのときに立てられたスタンディング・ストーンに、7世紀、ピクト人が手を加えたと考えられている。このシンボル・ストーンの西側にある、装飾されていないスタンディング・ストーンにも、おなじようなカップ状の窪みがついてあった。

道路をフォーファーのほう（西）へ少し戻ると、十字架を刻んだシンボル・ストーンが立っている。こちらは高さが3メートルもある石板。でっかい。いま見たのとは様相がかなり異なっている。どういうことかと言うと、十字架が正面にドカーンと描かれているのである。その十字架は、円環に十字を組み合わせたケルト十字架。大きさのわりに軸がめっぽう細く、どことなく安定感に欠けるが……。石の真んなかの辺りに、聖書を手にして祈っているふたりの天使が左右に描かれている。そして下の両側には得体の知れない動物。

シンボルが少なく、意外とシンプルだなと思って、裏を見たら、眼が点になった。いろんな図柄がおびただしく散りばめられていたのである。てっぺんに大きな三日月。そこにVの形をした線を組み入れている。その下にはZの線を取り込んだ2枚の円盤。これも大きい。円盤のデザインは先ほどのシンボル・ストーンにもあった。

円盤の下には、狩りの様子がドラマチックに彫られていた。馬に乗っているのは王か族長か、きっとそんな権力者だ。トランペットを吹いているのがミュージシャンだろう。獲物は雄鹿。なんともにぎにぎしい情景である。最下段の右側にはライオンを退治するダヴィデ。傍らにヒツジとハープが描かれている。左手はまたまた魔物と木の葉。全体を見ると、すごいデザインだと改めて実感させられる。これは8～9世紀に彫られたものと考えられている。

道路沿いにあるふたつのシンボル・ストーンと無装飾のスタンディング・ストーンは、いずれも風や家畜の侵入を防ぐため、石垣で囲われているが、柵もなく、自由に手で触れることだってで

▲高さ３メートルもあるシンボル・ストーン

▲裏側には躍動的な図柄が彫り込まれている

きる。気になったので、落書きされているのかどうかじっくり調べた。幸い無傷だった。厳しい気候が続く10月から5月までは石に木の箱がかぶせられ、保護されているが、それ以外の時期は、いわば放置されているのも同然の状態。このままで大丈夫なのかとふと心配になった。劣化が気になるし、過って車が突っ込むかもしれない。博物館に移すなどしかるべき方策があると思うのだが……。

確かにエディンバラの国立スコットランド博物館のような整った環境のなかで展示されると、ほぼ永久的に保存できるだろう。実際、室内展示されているものが大半である。シンボル・ストーンはしかし、もともと、屋外で屹立してあるものなので、やはりスコットランドの原野で見るほうが断然、胸に迫ってくる。保存との兼ね合いがほんとうに難しい。

## 勝利の戦いを伝えるシンボル・ストーン

「丘のすそ野にある教会のなかに、もうひとつ十字架を描いたシンボル・ストーンがあります。最初の角を左へ」

そう記された道路沿いの案内板に従って、歩を進めた。方角は南。約400メートルでその教会に達した。アバレムノ教会である。はて、シンボル・ストーンはどこにあるのやら。敷地内に入ったところに、墓石がいくつも立ち並んでいた。それらのなかでひときわ赤っぽい墓石に眼がとまった。近づいてみると、装飾が施されている。

高さは2・3メートル。ズシリと重みが感じられる。上部が屋根型になっており、下へ行くほど広がっている。まるで将棋の駒のような形。西側の正面にケルト十字架が浮き彫りにされていた。支柱が太く、質量感たっぷり。その表面に組みひも文様と螺旋が絶妙に絡み合っている。十字がクロスしている部分には、ケルト美術の象徴といわれる渦巻き文様が浮き彫りにされている。これだけ見れば、アイルランドでよく見られるケルト十字架だが、その背後にグロテスクな動物が渦を巻いて描かれており、なんとも神秘的な印象を与える。

裏側はどうか。思ったとおり、図柄でいっぱいだった。一見、先ほどの十字架を彫ったシンボル・ストーンの図柄とよく似ていたが、こちらのほうが戯画的な要素が強い。上部の屋根の部分に、ヘビが口を開けて向き合っている。いささか不気味だが、その下のピクト丸出しの文様を見て、思わず顔がゆるんだ。どうしてこんな訳のわからないデザインを考案するのか。いや、きっとそれなりに理由があるのだろう。

メーンとなるのは9人の人物が彫られた場面である。解説書によると、ネクタンズミア(Nechtansmere)の戦いを表わしているのだという。それは685年、ピクト人の軍勢が、南のノーサンブリア(Northumbria)から北進してきたゲルマン系アングル人を打ち破った戦いである。敗れたアングル人はこれを機に、フォース湾(Firth of Forth)より北側に侵入しなくなった。古戦場はアバレムノから南へ10キロほどのところにある。

ピクト人にとって大いなる勝利となったこの戦いが、3段にわたって描かれている。最上段の左から物語がはじまり、下段へと展開していく。順番に見ていくと、まず上の左手には、長剣を手にして馬に乗った長髪のピクト人の兵士。この兵士が右側のアングル人の騎兵を追っている。

逃げている兵士は盾と剣を放り投げているのがよくわかる。アングル人の鉄カブトはヴァイキングのものと似ているが、当時、彼らは類似の鉄カブトをかぶっていたといわれている。ピクト人の髪形がモヒカン刈りのようなのが妙におかしい。

2段目の左側に立っている3人のピクト人兵士が、右手のアングル人騎兵に立ち向かっている。先頭の男は盾で防御し、2番目の男が長ヤリを前に突きつけている。よくよく見ると、アングル人の乗る馬が勢いに押され、引き下がっているのが読み取れる。

最下段は騎兵同士の一騎打ち。ここでも左側の小さな馬に乗るピクト人騎兵が相手を圧倒している。彼らふたりの右手に描かれた図柄が最後の場面で、殺されたアングル人兵士が横たわっている。その死体を大きなカラスが突っついている。アングル人を制覇した瞬間を象徴的に表わしたものなのだろう。この戦いでアングル人の多くが殺され、あるいは奴隷になったという。

戦いの40数年後にこのシンボル・ストーンのデザインが彫られたといわれている。つまり720年ごろということになる。おそらくピクト人の記憶にこの勝ち戦が強烈にインプットされていたのであろう。このころキリスト教（ケルト教会）がピクト人社会にも浸透していたからこそ、表に堂々たるケルト十字架が描かれたのだ。

それにしても、わずか9人の人物像だけで、戦いのすべてを言い表わしているのがすごい。西面、十字架の円環の右上にぽっかり穴が空いており、それが裏面まで貫通しているのがどうにも気になる。それもピクト人が細工したものなのかと思ったけれど、後年、何者かの手によって空けられたものらしい。この穴があるせいで、全体のバランスが悪い。

▲典型的なクラスⅡの
シンボル・ストーン

▲裏面には戦いのシーンが描かれている

いつ、どのようにいたずらされたのかは知らないが、文化財を汚す輩は許せない。やはり博物館などしかるべきところで保存するほうがいいような気がする。この損傷を目の当たりにし、つくづくそう実感した。そのとき、ふと思い出した。このシンボル・ストーン、エディンバラの国立スコットランド博物館で見たことを。じつは博物館のほうが本物で、こちらがレプリカなのだ。できるなら穴を空けられる前に、博物館に移しておいてほしかった。

## シンボル・ストーンの魅力

シンボル・ストーン——。なんとも不思議な石である。現在、スコットランドの北東部を中心に200ほどが確認されている。ほとんどが花コウ岩だ。いったいなんのためにこうした奇抜な文様や図像を石に刻んだのであろうか。現代人にはほとんど意味がわからないけれど、当の作り手のピクト人同士ではなにを伝えたいのか十分、理解していたにちがいない。これらの石には多彩な機能と役割があったように思える。

ピクト人は、ローマ人から借用したラテン語とアイルランド島から渡ってきたスコット人（ゲール人）がもたらしたオガム文字以外はれっきとした文字を持たなかったといわれている。オガム文字は3〜4世紀にアイルランドで考案された独特な文字で、ひとつの線、あるいは複数の線がアイルランド語（アイルランド・ゲール語）の音を表わしている。

その意味で、シンボル・ストーンはコミュニケーション、あるいは表現の手段として用いられていた可能性が高いと思われる。単に装飾的、美術的な意味合いだけでデザインを彫り刻んでいたとはとても考えられない。換言すれば、ピクト人の文字そのものといえるのかもしれない。

シンボル・ストーンとはいかなるものなのか。ここで概要について触れておきたい。これらの石が現われたのは6世紀以降のことで、ピクト人が歴史の表舞台から姿を消す9世紀末まで作り続けられた。その間、形や文様が変わっていった。それによって、クラスⅠ、クラスⅡ、クラスⅢの3つのグループに分けられている。

クラスⅠは初期のもの。ここアバレムノで見た斜めに傾いたシンボル・ストーンのように、新石器時代や青銅器時代に立てられたスタンディング・ストーンや自然石にデザインが彫り込まれている。抽象的な文様や動物の絵がよく描かれている。アイルランドの聖コロンバがキリスト教(ケルト教会)をスコットランドに広めた563年以前からキリスト教が浸透する8世紀までに作られたもので、当然のことながらキリスト教の匂いはない。

クラスⅡのシンボル・ストーンは、キリスト教が広まった8世紀から9世紀半ばにかけて創作された。独自に形を整えた石を使っており、表面を磨いた石板に十字架と装飾を組み合わせたものが圧倒的に多い。言わば、十字架の石板で、まさにキリスト教を受容した証しともいえる。アバレムノでは、あとのふたつがそうだ。クラスⅡの石にも、クラスⅠの図像が引き継がれている。

最後に生み出されたクラスⅢのシンボル・ストーンは、ピクト人が最後の炎を燃やした9世紀半ばごろのものである。そこにはキリスト教の世界観がさらに色濃く反映されており、基本的にはクラスⅡとおなじだが、初期のクラスⅠの文様がまったく見当たらない。つまりシンボル然としたデザインが消えてしまっている。その代わり、人物が整然と配置されており、物語性を強く出している。

よくよく見ると、アイルランドのケルト十字架に刻まれた図像とそっくりなものがある。このことからスコット人が持ち込んだゲール文化の影響が見てとれる。

## シンボル・ストーンのデザイン

石に彫られたシンボルは大きく4つのパターンに分類される。それぞれが単独に描かれているのもあるが、混ざり合っているものも少なくない。それがシンボル・ストーンのおもしろさでもある。

まずは線。直線は必ず他のデザインと絡んでいる。アルファベットのV字のような線は、三日月とセットになったものが多い。それは日の出と日の入りを意味しているともいわれているが、ひょっとしたら、折れた矢を描いたのかもしれない。

Z字の線は、円盤と組み合わさっているのが目立つ。これも折れたヤリとみる説があり、死の象徴ではないかともいわれている。あるいはヤリを折った戦士、つまり勇気のある偉大な人物を表わしているのかもしれない。解釈はいろいろある。

ふたつ目はさまざまなオブジェ。再生や健康を暗示している大ガマ、女性の象徴ともいえる手鏡とクシ、そして金床やハンマー、ハサミなどの日常的な用具……。

3つ目は、意味のよくわからない抽象的なデザイン。たとえば、2枚セットになった円盤。これはひじょうにポピュラーな図像である。ヨーロッパ大陸の古代ケルト人が富の証しとして身につけていたトルク（首環）のようにも見えるが、生と死、あるいは結婚を意味していると考える研究者もいる。ほかに巴の形になっている飾り結び、三日月、大きな箱のような四角形などが描かれている。

４つ目が動物である。猛々しい雄牛は強さ、力、豊かさを象徴するものとあって、シンボル・ストーンによく彫られている。家畜は概して、富への希求心の一端ともいわれている。馬を描いたのは少ないが、ケルト社会では、馬は権力と高貴を表わす重要な動物なので、馬の神エポナを生み出した。大陸の古代ケルト人がそれに強さを求めたイノシシは、どういう訳かシンボル・ストーンではそれほど多くない。

鳥類ではタカ、ガン、ガチョウなど。魚では知識と予言の力をもつとされるサケが、とくにクラスⅡのシンボル・ストーンによく描かれている。爬虫類ではヘビが一般的だ。しばしばZ字の線と絡んで描かれている。ヘビには魔術、死、再生、性、癒しなどいろんな意味づけがなされている。

実在する動物だけでなく、想像上の架空の動物も結構、彫られており、シンボル・ストーンに妖しい彩を添えている。それらはイマジネーション豊かなケルト系の人たちの特徴そのものといえる。

文字については、前述したように、ラテン語とオガム文字が記されたものがある。線のようなオガム文字ならまだしも、ラテン語のアルファベットを刻み込んでいくのは大変な作業だったと思われる。これらの文字は、人名や文言の一部を表わしたものが多く、いまなお判読が困難だという。

それにしてもシンボル・ストーンはなんのために創作されたのだろうか。意図、目的がよくわかっていないが、考えられることが3点ある。

ひとつ目は土地（領地）の所有を示していたこと。つまり、ある個人（おそらく有力者と思われる）がこの石の立っているところの周辺を自分の土地と宣言していたということ。ふたつ目は婚姻を記録したという説で、支配階級に属する家族の結びつきを記しているのではないかというのだ。そして3つ目が、死者に対するなんらかのモニュメント。言わば、慰霊碑のようなもの。どれも納得できるが、これだという決め手がない。

ざっとシンボル・ストーンのイロハを説明したが、実際に自分の眼で見てみないと、その魅力がなかなか理解できないと思う。ぜひスコットランドに足を運び、ピクトの石たちと向き合ってもらいたい。百聞は一見にしかず。なんと奇天烈な世界が石に刻まれているのだろうときっと思うはずだ。

部族、仕事、家系、季節、神々、階級、家柄、聖人、自然への畏怖、戦いの記録、儀礼……。いろんな情報がシンボル・ストーンから発信されているにちがいない。いまのところはしかし、私たちにはそれらを１００パーセント、受容する術がない。ピクト人がイマジネーションを駆使し

▲シンボル・ストーンが立ち並ぶミーグル博物館

て驚くべき多彩なデザインを生み出したように、私たちもおなじようにイマジネーションを働かせ、あれこれと想像するのはじつに楽しい。でもいつの日か、すべてのシンボル・ストーンに秘められている謎が解明されんことを切に願っている。

## ミーグルの「石の博物館」

アンガス州は南ピクト人の拠点だったので、シンボル・ストーンがことのほか多い。それを体現するには、ミーグル（Meigle）村に足を伸ばせばいい。州都フォーファーからA94号線を車で西へ進めば、20分ほどで着く。

ミーグルは茶色っぽい花コウ岩でできた家屋が密集する小さな村。バス停のすぐ近くにミーグル博物館がある。「Meigle Pictish Stones」という表示が目印だ。チャペルのような建物のなかに入った瞬間、体が固まった。石、石、石……。大小合わせて30ほどある。それらが一種、威圧感を伴って迫ってくる。これぞ、ピクトのシンボル・ストーンといった〈オーラ〉が発散されているのだ。

「ようこそ。スコットランドの遺産をとくとご覧ください」

文化財保護団体ヒストリック・スコットランドの女性学芸員リンダ・マッギガンさんが満面の笑みを浮かべて応対してくれた。「ケルト」とピクトに興味があり、はるばるミーグルまでやって来たと告げると、「おや、まぁ」とますます顔をほころばせた。

多くの石に十字架が刻まれている。分類からすると、クラスⅡになる。制作時期は8～9世紀。

「石はすべてミーグルで見つかったものです。博物館の北側に隣接している教会にあったものがほとんど。もともと古い教会でした」とマッギガンさん。

ミーグルはピクト人の王領で、当時、この辺りが中枢地域だったという。教会は王族によってサポートされていたので、かなり繁栄していたという。キリスト教は、西部のアイオナ島から布教されたケルト教会とイングランド北部ノーサンブリアのカトリック教会の双方が混在し、石のデザインも両者の影響を受けているという。とりわけレースの組み合わせ文様はノーサンブリア由来のものだといわれている。いまの教会は、古い教会が壊れたあと1869年に建てられたものだ。

どれも見ごたえのあるシンボル・ストーンばかりだが、眼を引くのが博物館の真んなかに陣取っている「ヴァノラの墓（Vanora's Grave）」と呼ばれる石だ。表には上部に大きな十字架、その下に見るからにピクトらしい装飾がびっしり刻まれている。裏側がまた強烈。中央部に4頭のライオンに噛みつかれている人物がいる。スカート様のものをはいているので、珍しく女性のようだ。

これらは聖書に出てくるダニエルの逸話を描いたものだが、地元のミーグルでは、アーサー王伝説と結びついている。なんとその女性がグィネヴィアだというのである。言わずと知れたアーサー王の王妃。ここでは彼女はヴァノラと呼ばれている。中世に生まれた言い伝えはこうだ。夫王アーサーが遠征中、ヴァノラが邪悪な甥モードレッドに誘拐され、辱めを受けた。モードレッドがピクトの王ともいわれているのだから驚く。そのことを知ったアーサーはすぐに祖国に戻り、妻を助け出したが、夫婦の名誉のため、あえて王妃を処刑にした。それを表わしたのがこのレリーフだといわれている。

▲「ヴァノラの墓」の裏側。中央の人物がグィネヴィアだという

彼女の遺体はミーグル教会の墓地に埋葬されたという。イングランド南西部のグラストンベリーの修道院跡には、アーサーとグィネヴィアの墓があるが、いくらフィクションといえども、あちこちに墓があっては混乱してしまう。そのことをマッギガンさんにぶつけると、彼女はケラケラ笑っていた。

この石は若い女性には不吉なものに映っ

た。なぜならヴァノラは不妊症だったので、石に近づくと子宝に恵まれないといわれていたからだ。この手の言い伝えはよくある。

どの石もじつに興味深い。立石ではなく、横たわっている石が妙に印象に残った。そのようなタイプの石をはじめて見たからだろうか。それが数基ある。列をなして進む騎士、猛々しい雄牛、ライオン、たこ焼きのような丸い突起……。おもしろい！

それとタツノオトシゴを彫ったストーンも脳裏に強くインプットされた。シンボル・ストーンには架空の動物をふくめ、多彩な生き物が描かれているが、まさかタツノオトシゴと会えるとは思わなかった。しかも踊っている！　ピクト人はどこまでぼくを驚かせるのか。そんな彼らの血がいまのスコットランド人に受け継がれていると思うと、たまらなく楽しくなってくる。

「スコットランドの歴史の根底に、ピクトの文化が宿っているのがわかっていただけたでしょう。現代のスコットランド人も独創性がありますからね」

マッギガンさんの言葉が重くのしかかった。

## セント・ヴィジーンズの石

もうひとつアンガス州には、有名なシンボル・ストーンの博物館がある。海辺の町アーブロース（Arbroath）の市街地から北へ約1・6キロ離れたところにある聖ヴィジーンズ博物館(St.Vigeans Museum)。

▲「アーブロースの宣言」が起草された修道院の跡

アーブロースの町中には、赤っぽい建物が多い。すべて赤い砂岩が使われているからだ。そのなかでもとびきり赤いのがアーブロース修道院。獅子王ウィリアム1世（1143〜1214年）によって1178年に建てられた。16世紀の宗教改革で破壊され、伽藍しか残っていないが、それでも壮大な建物だったことがわかる。この修道院で1320年、スコットランドの独立宣言の文書、いわゆる「アーブロースの宣言」が記された。

13世紀末、スコットランドは事実上、イングランドの支配下にあった。独立戦争の英雄ウィリアム・ウォリス（1272?〜1305年）がイングランド軍に捕まり、ロンドンで処刑されたあと、彼の遺志を受け継いだロバート・ブルース（1274〜1329年）がロバート1世としてスコットランド王を名乗った。そのときブルースはイングランド寄りの貴族カミンを南部ダンフリース（Dumfries）のグレイフライヤーズ教会で殺害し、バチカンから破門された。それに乗じてスコットランドにふたたび触手を伸ばしてきたイングランド軍をブルースがバノックバーンの戦い（1314年）で打ち破ったのである。

この決定的な勝利で、スコットランドの独立は揺るぎないものとなったが、破門した人物をバチカンが国王に認定するはずがない。そこでブルースに賛同する50人の貴族がローマ法王ヨハネス22世に対して、スコットランドは独立国であり、王はロバート1世であることを認めてもらう請願書を起草した。それが「アーブロースの宣言」である。

1320年4月6日、僧院長バーナード・オヴ・リントンの手でラテン語で執筆された。確固たる決意で自由を求めたその気概は、なににも増して尊い。宣言文はバチカンに送られてから4年後の1324年に認められ、さらに1328年にはイングランドも承諾し、ここにスコットランドの完全独立が名実共に実現した。それはしかし、永続的なものではなかった。379年後（1707年）、スコットランドはイングランドと合併して大ブリテン国に組み入れられ、それが今日まで続いている。

さて、聖ヴィジーンズ博物館である。ごく普通の民家のような建物。その前の丘の上に聖ヴィジーンズ教会が建っている。聖ヴィジーンズは5世紀に実在したアイルランドの修道僧、聖フェチンのことで、ピクトの時代のスコットランドでは記録に残っていない。この博物館も文化財保護団体ヒストリック・スコットランドによって管理されている。

ミーグル博物館とおなじように、展示場はそれほど広くはない。そこにいろんな模様が彫られた石が屹立している。ざっと20基ほど。大半がピクトの時代の末期（800〜1000年）に作られたものである。

一番、存在感を放っていたのはドロステン・ストーン（Drosten Stone）。9世紀はじめに制作されたといわれるクラスⅡの薄い直方体の石だ。表はケルト十字架ではなく、普通の十字架。支柱に組みひも文様がびっしり彫り刻まれている。クロスしているところの文様がはがれてしまっているが、それでも立派な十字架である。

裏はダイナミックなデザインがうごめいている。ここも上段の半分ほどの彫り物がなくなっている。組み合わされたふたつの円盤、三日月、手鏡。典型的なピクトの図像である。そこにシカ、イノシシ、雄牛、クマ、ワシなどの動物が配置されている。そして左下にフードをかぶり、弓を引くハンターが描かれている。これらの動物はこれまで見てきたシンボル・ストーンのなかでも際立っており、輪郭が鮮明なので、浮き上がっているように見える。ドロステンというのは、ピクト人の貴族か聖人で、シンボル・ストーンはこの人物をたたえたものと考えられている。

▲動物が踊っているように見えるドロステン・ストーン

アンガス州にはピクトの遺産が思いのほ

か多く残っている。さらに北部にもユニークなシンボル・ストーンが点在している。それらを見てみよう。

## エルギン大聖堂

マレイ地方（Moray）の中心地がエルギン（Elgin）。街の南側に広がるスペイサイド（Speyside＝スペイ川流域）にウイスキー蒸留所が約50カ所も点在しており、ここを拠点に蒸留所巡りをする人が多い。いまやそれがスコットランド観光のハイライトのひとつになっている。

市街地の東端に位置するエルギン大聖堂は、1560年、宗教改革のときに破壊され、その後、修復もなされず、完全に廃墟と化している。相当、規模が大きい。敷地に入ると、重量感のある伽藍に圧倒された。

1224年、ここから北東へ約4キロのスパイニー（Spynie）にあった司教座が当地に移され、ときのスコットランド国王アレクサンダー2世（1189～1249年）の領地であることを示すために教会が建てられた。それが大聖堂のはじまりだった。城は反対側の西端、レディーヒル（Ladyhill）という丘の上に1160年にすでに建てられていた。

大聖堂はこの地域の宗教的・政治的な核として発展していった。しかし1390年、国王ロバート2世（1316～90年）の四男アレクサンダー・スチュアートが主教に破門されたことを恨み、大聖堂を焼き払うという愚行に出た。この男、「バドノックのオオカミ」という異名をとる、とんでもない暴れん坊だった。その後、再建されたが、前述したとおり、宗教改革で灰塵に帰した。

▲エルギン大聖堂に立つシンボル・ストーン

そんな大聖堂の真んなかの芝地にポツンとシンボル・ストーンが立っている。高さ2メートル、グレーの直方体の石。表に立派な十字架が刻まれているので、クラスⅡ（8世紀）のものだ。大聖堂を漫然と見ていると、気がつかないほど存在感が弱い。

そのシンボル・ストーンの表面には、十字架の右下に聖ヨハネ、左下に聖マタイが描かれている。裏側にはすっかり見慣れたお決まりのデザインが彫られている。一対になった円盤とZ字の組み合わせ、三日月とV字の組み合わせ、そして4人のハンター。狩りの様子はかなりダイナミックに描写されている。

もともとここにあったのではない。1823年、町の中心部、聖ジャイルズ教会近くの道を補修していたときに発見され、大聖堂に移したのだという。だから屋外にあったものだ。

## 路傍に立つロドニー・ストーン

エルギンからインヴァネス（Inverness）に伸びるA96号線を西へと向かい、フォレス（Forres）の町を通過して10分ほどすると、ブロディ（Brodie）村がある。その村は白亜の美麗なブロディ城

▲ピクトのデザインが鮮明に浮き上がるロドニー・ストーン

で知られている。１１６０年、スコットランド国王マルカム４世（１１４２〜65年）からこの地を授けられた名士ブロディ氏族の豪邸である。

この氏族（クラン）は、マレイ地方のピクト人部族の子孫だ。城は貴族の館として映画の撮影でもしばしば使われたという。敷地は70ヘクタール。甲子園球場の18倍もの広さだ。城は１５６７年に建てられたが、１６４５年、敵対するゴードン氏族に焼き払われ、１８２４年に現在の建物になった。こういう歴史的な建造物は維持管理が大変で、２００３年以降、ナショナル・トラストの管理下に置かれており、ブロディ家の住人は他所で暮らしている。

この辺りはスコットランドでも有数の穀倉地帯だ。まわりには大麦畑が累々と広がっている。そんななか、城に通じる道の左手にシンボル・ストーンが立っている。ロドニー・ストーン（Rodney Stone）である。

高さ２メートルの直方体の石。西向きの面には組みひも文様がびっしり彫られた十字架。朝日が当たり、赤みを帯びた東面には例のユニークなシンボルが刻まれている。上部にはタツノオトシゴらしき海の生き物が向かい合っている。ミーグルの博物館で見たものよりもはるかに大きい。しかも対になっているのがおもしろい。

その下にはくちばしのような長い口を持つ奇妙な4つ足の動物。頭のてっぺんからムチみたいなものが出ている。ピクト人が想像して描いた架空の生き物なのだろう。そして最下部に、すっかり見慣れたふたつの円盤とZの文字が配置されている。

見れば見るほど、ピクト人って不思議だなと思ってしまう。石全体から、やはり「ケルト」の濃厚な空気が放たれている。これは9世紀に作られた典型的なクラスⅡの石である。改めて思う。シンボル・ストーンは博物館で見るよりも、屋外で眼に焼きつけるほうがはるかに印象度が強い。

このシンボル・ストーンは1782年、ここから4キロほど北東に位置するダイク（Dyke）という村で新しい教区教会が建てられたときに見つかった。その年はアメリカ独立戦争の最中で、村出身のジョージ・ロドニー提督率いる英国艦隊が西インド諸島のドミニカ沖で、独立を支持するフランス艦隊を撃破した海戦を記念し、教会がダイク村に建てられた。だからその石にロドニー・ストーンという名がつけられた。

ピクト人が、自分たちの手で作った石が後年、アメリカ独立戦争と関わろうとは夢にも思わなかっただろう。もっとも地元では、石を掘り出した墓掘り人の名前ロッテニー（Rotteny）が訛ったものといわれているが……。ともあれ1842年、現在地に移された。おそらくブロディ家がそうしたのだろうと推測される。以上のことは、石の傍らにある説明版に記されていた。

その石をさらに精査すると、縁に線が切り刻まれている。アイルランド島からスコット人がもたらしたオガム文字だ。9世紀といえば、ピクト人の国とスコット人の国（ダルリアダ王国）が統合し、アルバ王国になったころ。オガム文字があってもおかしくはない。

オガム文字がはっきり見えるのは右下の部分だけ。あとで入手した資料によると、アルファベットに翻訳すれば、「EDDARRONON Q.A」と書かれているという。エダロノンカ？　ピクト人の聖職者の名前と考えられている。

## 最大のピクト石、スエノ・ストーン

これまで数多くのシンボル・ストーンを眼にしてきたが、そのなかでもかなり強烈な〈オーラ〉を放つシンボル・ストーンがある。スエノ・ストーン（Sueno's Stone）だ。ブロディ村からエルギンに引き返す途中、フォレスの町でその石と対面できた。

▲ガラスケースに収められたスエノ・ストーン

フォレスは至るところに色とりどりの花が咲き誇っており、随分、あでやかな雰囲気に包まれている。とりわけ広大なグラント・パークのなんと美しいこと。この町は12世紀からスコットランド王室の自治都市として発展してきた。現在、人口は約９０００人。

スエノ・ストーンは町の東端にそびえている。「そびえている」とは大げさな表現だと思うかもしれないが、まちがいなくそびえているのである。なにしろ高さが6・5メートルもあるのだから、仰ぎ見なければ、全体を視界にとらえることができない。高いのに、やけに細長い。幅が広いところで50センチほどしかない。上のほうが少し細めになっている。こんなシンボル・ストーンがあるとは驚きだ。巨大な石柱と表現するほうがふさわしい。

現存するピクト・ストーンのなかで最大のものといわれている。しかも巨大な公衆電話ボックスのようなガラスケースのなかにすっぽり納められており、なんとも奇異に見える。視線を上げると、スコットランドの陽光がガラスに反射してキラキラ光っていた。

やや赤っぽい砂岩でできている。西面には円環のついたケルト十字架。これまでケルト十字架をいくつも見てきたが、かくも大きなものははじめて。支軸とその両側に微細な組みひも文様が彫られており、基底部には首を垂れるふたりの男が彫り込まれている。これは明らかに祈っているポーズだ。

東面を見てみよう。そこには人物がびっしり描かれている。98人もいる。それが無秩序ではなく、整然と並んでいるのである。上部はかなり磨耗しているけれど、眼を凝らすと、人物像が見えなくはない。理屈抜きにすごいインパクトを与える。上から4つの石板がはめられているのがわかる。しかもそれぞれの石板の図柄が異なっている。

一番上は、剣を手にする兵士と馬に乗った兵士、つまり騎兵が刻まれている。その下は行進する歩兵。3番目の石板には、首を切られた敵兵と敗残兵、そして小さな建物のまわりに弓を持つ兵、騎兵、歩兵が配置されている。そして最下段は、さらに人物が密集しており、意気揚々と歩く兵士像がうごめいている。上から下へと眺めていくと、まるで絵巻物のような世界が広がっている。

スエノ・ストーンが作られたのが9～10世紀。ピクト人が歴史の表舞台から姿を消す直前の時期か、あるいはスコット人のダルリアダ王国がピクト人の国を取り込み、アルバ王国を建てたあとのことか。ピクトの石としてはクラスⅢに属する。じつはクラスⅢは珍しい。なかなかお眼にかかれない。クラスⅡとおなじように十字架が添えられているが、動物、円盤、三日月などのシンプルな図像がない。その代わり、人物が整然とはめ込まれている。

この石にはピクトの様式だけでなく、アイルランドやノーサンブリアのデザインも組み入れられているという。人的、経済的に交流があったのだろう。マレイ地方の優れたピクト人の彫り師が丹精込めて手がけた作品である。

## 荘厳な戦争絵巻

さて、これらの居並ぶ兵士たちはなにを物語っているのだろう。明らかに戦いのシーンを表わしているのはわかる。ある軍団が到来し、激戦が繰り広げられ、敵の兵士が敗走、そして軍団が解散する。こんなストーリーが秘められている。

ならば、どことどこが戦ったのか。せめてオガム文字が刻まれていたら、ある程度、推測できたのだろうが、その跡がまったくない。かつてはスコットランド王マルカム2世（?～1034年）

の軍がヴァイキングに打ち勝った戦いだといわれてきた。今日ではしかし、3つの説がある。

ひとつ目は、アイルランドからスコットランド西部に渡り、ダルリアダ王国をきずいたスコット人がピクト人を破った戦い。年代的には9世紀半ば。スコット軍の指揮官は、のちにアルバ（スコットランド）王国の王となるケネス・マカルピン。西面に刻まれた十字架の下の人物がそのマカルピンではないかといわれている。ならば、ピクト人は負け戦を石に記録したことになる。それはどうも考えにくい。

ふたつ目は、ピクト人とスコット人の連合軍が、北欧から侵略してきたヴァイキングとの抗争を表わしているというもの。9世紀末か10世紀はじめの出来事。ちょうどそのころ、ここからすぐ北の沿岸部にあったピクト人の大要塞バーグヘッド（Burghead）がヴァイキングによって破壊されている。

▲兵士がびっしり描かれた石面

そして3つ目の説。これがかなり具体的だ。966年、フォレスでデューブというスコット人の王がマレイ地方の男たち（ピクト人？）と戦い、殺された事件ではないかと。王の遺体は、ここから北東7キロ、キンロス（Kinloss）の橋の下に横たえられたという。ということは、首を切られた人物のひとりがデューブ王なのか？　そもそもデューブ王とはいかなる人物だったのかもわからない。

真相は闇のなかだが、歴史的に大きな刻印を残した戦いであるのはまちがいないだろう。ともこの地方の言い伝えとしては、シェークスピアの悲劇で知られるマクベスが3人の魔女と出会ったところ、それがスエノ・ストーンの立っていた場所だといわれている。魔女たちは石のなかに閉じ込められており、彼女たちを解放するには、石を破壊するしかないらしい。ならば、いまでも魔女たちはこの石のなかに幽閉されているのか⁉

17世紀、農地を耕していたとき、この石が埋まっているのが見つかった。発見者の農夫スヴェンス（Svens）の名前が訛化し、スエノ（Sueno）になったといわれている。1990年と91年に考古学的にメスが入れられ、もう1本、おなじ形態の石柱があったことが浮き彫りになった。つまりツインのシンボル・ストーンだったのだ。それでは片一方はどこにいったのか。解体され、石材に使われたのだろうか……。現在のスエノ・ストーンは他所から移されたこともわかってきた。ただ、もとの場所がよくわかっていない。なにもかも闇のベールに包まれている。

数年前の資料に載っていた写真を見ると、スエノ・ストーンはガラスケースに閉じ込められているのではなく、ごく普通の鉄柵に囲われているだけだった。手を伸ばせば、触ることだってできる。しかし先の考古学調査のあと、ひじょうに貴重なモニュメントであることがわかり、保存のためにガラスケースで覆われることになった。見た眼は奇異に思えるが、これで文化財が守られているのだから、納得せざるを得ない。

## ダフタウンのシンボル・ストーン

ミステリアスなスエノ・ストーンをなんどもまわりながら、ピクト人のことに思いを馳せているあいだ、時々、観光客が車で乗りつけ、不思議そうに石を眺めていた。多くは写真を撮って、すぐに去って行ったが、ひとり真剣な表情でスエノ・ストーンと対峙している青年がいた。

眼と眼が合ったので、あいさつすると、彼のほうから話しかけてきた。白人にしては小柄で、度のきついメガネをかけており、なんとなくウディ・アレン監督に似ていた。グラスゴー大学に留学しているオーストラリア人の留学生だった。

「石のモニュメントに興味があり、ヨーロッパ各地に点在する巨石建造物を見てまわっています。このスエノ・ストーンはおもしろい」

彼はオタクっぽい眼差しをぼくに注いだ。それにつられ、フランス・ブルターニュのカルナックの列石、イングランドのストーンヘンジ、スコットランド・外へブリディーズ諸島ルイス島のカラニッシュの立石などを訪れたことがあると彼に言うと、ますます眼を輝かせた。ピクトのシンボル・ストーンのこともよく知っており、いろいろ有益な情報を教えてくれた。そのなかのひとつがダフタウン(Dufftown)のピクトの石だった。全然、知らなかった。ここまで来たのだから、ついでにその石を見て行こう。

エルギンからダフタウン行きのバスが出ている。バスがA941号線を南下すると、まもなくスペイサイドへ入った。スコッチ・ウイスキーの一大産地である。ダフタウンはエルギンから約22キロ。なだらかな丘とグレン（谷）が連なるなか、バスはグレン・グラント（Glen Grant）蒸留所のあるローゼス（Rothes）を経て、スペイ川沿いの村クライゲラヒ（Craigellachie）に到着した。少し西側にマッカラン（The Macallan）蒸留所がある。

ダフタウンの周囲には、グレンフィディック（Glenfiddich）、バルヴェニー（Balvenie）、グレンデュラン（Glendullan）、モートラック（Mortlach）などの蒸留所が点在するのだから、ウイスキー愛好家にはたまらない。

ダフタウンのバス停にある観光案内所に飛び込み、ピクト・ストーンのことを女性スタッフに訊くと、「それはモートラック教会の石です」と教えてくれた。彼女は教会をチャーチではなく、カーク（Kirk）と言った。プロテスタントの長老派教会のことだ。

案内所でもらった地図を片手に、チャーチ・ストリートを南へ向かい、ピクト語の接頭語を冠したピティヴェアック（Pettyvaich）蒸留所の手前の左側にその教会があった。なかなか立派な建物だ。門扉が閉められていたが、勝手になかに入り、裏側にまわると、数え切れないほどの墓石が立ち並んでいる。

このなかからシンボル・ストーンを探すのは容易なことではない。帰りのバスの時間もあったので、必死になって墓石をチェックしたら、案外、早く見つかった。

それはピサの斜塔のごとく傾いた石だった。地元では「戦いの石（Battle Stone）」といわれている。十字架が彫り込んであるので、クラスⅡの石だ。２匹の海獣が描かれているらしいが、表面

▲モートラック教会にたたずむシンボル・ストーン

に白いコケ（カビ？）が付着しており、ほとんど判別できなかった。劣化があまりにもひどい。それにこのシンボル・ストーンの概略すらよくわからない。

期待しすぎただけに、いささか落胆した。しかし、「ウイスキーの聖地」でピクトの世界に触れることができたので、それなりに満足感を抱くことができた。スペイサイド一帯がかつてピクト人の生活圏であったことを十二分にうかがわせる。

そのころスコット人がこのエリアにやって来た。やがて両者が融合し、ずっと後年になって、その末裔が大麦を原料にしてウイスキーを作り出した。銘柄にはピクト語ではなく、スコット人が使っていたゲール語由来の言葉が数多くつけられたのは、歴史の流れとして当然のことである。ウイスキーには「ケルト」の息吹が宿っている。つくづくそう実感する。

## インヴァネスのイノシシ

ハイランド（Highland）の中心地インヴァネスとその周辺でもシンボル・ストーンを見ることができる。ここで言うハイランドとは、行政区分上と通称的な意味合いの両方をさしている。前者はグランピアン山脈（Grampian Mountains）以北の本土。後者の場合、エディンバラとグラスゴーを結ぶ線、つまりフォース湾（Firth of Forth）とクライド湾（Firth of Clyde）より北側一帯をハイランドと呼んでいる。スコッチ・ウイスキーの産地はそれに準じている。

インヴァネスは人口がたかだか5万人強だが、なにしろハイランドで唯一の市（シティ）とあって、「北の都」の風格が備わっている。もっとも市と認定されたのは2001年のことで、比較的新しい。いまなお人口がどんどん増えている。ネス湖（Loch Ness）からカレドニア運河（Caledonian canal）を経て、マレイ湾に注ぐ、ピート（泥炭）をふくんだネス川の茶色い水の流れが印象的である。インヴァネス（Inverness）のインヴァ（inver）は北欧のスカンディナビア語で河口の意味。ヴァイキングに支配されていた証左を示す。だから文字どおり、ここはネス川の河口に位置する。

565年、西部のアイオナ島から来たアイルランド人の聖コロンバが、ピクト国のブルード王と接見し、布教を認められた。550年ごろ、この人物が各地に点在していたピクト人の豪族を統括し、ハイ・キング（上王）になったといわれている。

その王が暮らしていた宮殿（砦？）がネス川、あるいはネス湖の畔にあったという。クレイグ・ファーティグ（Craig Fertig）という場所らしいが、特定できなかった。北方ピクト人の中枢エリアはマレイ地方のバーグヘッドからインヴァネスの周辺にかけてで、有力な族長があちこちで勢力を保っていたのだろう。彼らが一様にブルードと名乗っていた可能性もあるという。

ネス川に架かるネス・ブリッジの手前に建つインヴァネス博物館には、ピクト関連の展示が豊富だ。博物館は、「ハイランドのプリンセス」といわれるフローラ・マクドナルド（1722〜90年）の像がその前に建つ、街の象徴ともいえるインヴァネス城の北側にあり、観光案内所と隣接している。2007年にオープンした。

1階フロアの「戦士社会の家」というコーナーにピクト関連のコレクションが展示されている。「ピクト人は、鉄器時代（紀元前750〜紀元79年）にハイランドで暮らしていた先住民の子孫である」

解説パネルにこう明記してある。改めてピクト人が今日のスコットランド人の先祖であることを突きつけられる。

当然、シンボル・ストーンが陳列してある。トータルで8つ。どれも石の断片ばかりだが、動物や円盤、三日月などのデザインをあしらったクラスIのストーンはどれも逸品だ。動物は、馬のような顔を持つ野獣、オオカミ、雄牛などが描かれている。

それぞれの石の説明板には、発見された場所としてインヴァネスのほかにアードロス（Ardross）、ゴルスピー（Golspie）、コノン・ブリッジ（Conon Bridge）、スカニポート（Scaniport）、ビューリー（Beauly）といった地名が記されている。いずれもインヴァネスの近郊だ。

この博物館は写真撮影が禁止されているが、「写真を撮れるストーンがありますよ」と博物館のスタッフが教えてくれた。その場所がネス川の対岸（左岸）にあるハイランド・カウンシル（地方自治体）の本部ビルだった。石の名前は、ザ・ノックナゲール・ボア・ストーン（The

Knocknagael Boar Stone)。ボア……。イノシシである。

さっそく博物館を出て、ネス橋を渡り、ハイランド・カウンシルの建物に向かった。しかし外からはそんなシンボル・ストーンは見当たらない。受付でイノシシの石を見たいと言うと、係員が案内してくれた。そこは議会場で、入ったところに目的の石があった。

ガラス越しに見ることができる。大きな石だ。いや、岩と言うほうがふさわしい。700〜800年に刻まれたクラスⅠのシンボル・ストーン。表面がでこぼこになっており、イノシシと判別するのが難しい。解説パネルによると、イノシシの上に鏡も描かれているらしいが、それもさっぱりわからない。

もともと近くの道路沿いにあった。風雪による劣化といたずらを防ぐ目的で1991年、ここに移されたのだという。早い段階で、きちんと保存されていたら、さぞかし立派なイノシシが浮き上がって見えたであろう。それでもこの石からすさまじいパワーが感じられる。活力と繁栄のシンボルと見なされたイノシシが21世紀の今日でも、依然、強さを保っているのである。

▲劣化が激しいイノシシの石

## ローズマーキーのグローム・ハウス博物館

インヴァネスの北の対岸、ブラック・アイル（Black Isle）と呼ばれる半島の南岸にローズマーキー（Rosemarkie）という小さな町がある。町の南側はマレイ湾に面してビーチが広がっている。海水は決してきれいとはいえないけれど、キャンプ場があり、ちょっとしたリゾート地だ。

ハイストリートにあるグローム・ハウス博物館（Groam House Museum）に入った。18世紀に建てられた2階建ての家屋。白亜の壁が引き立つ。最初の所有者が、ここから25キロほどインヴァネス寄りのグロームの出身だったから、その名が建物につけられたという。

こぢんまりした展示ルーム。中2階があり、数人の見学者がいた。そこにピクトの石が15基もあった。ローズマーキー・ストーンズ（Rosemarkie Stones）と呼ばれているものだ。大半がクラスⅡで、一部、クラスⅢもある。いずれも村で見つかり、多くは近くの教会で墓を掘り起こしているときに出てきたという。

1階フロアの真んなかに屹立している石板と対峙した。おぉ、これはすごい！　高さ2メートルほど。薄っぺらい直方体の石だ。その四面にびっしり装飾が彫り込まれている。8世紀末に制作されたらしい。

正面の上部、正方形の窪みのなかに十字架が刻まれているので、典型的なクラスⅡのシンボル・ストーン。十字架のほかの部分には微細な組みひも文様が洪水のごとく湧き立っている。顔を近づけて見ると、頭がクラクラしそうになる。真んなかの部分が磨耗しているのは、敷石か墓

▲小さな十字架が特徴のシンボル・ストーン

▲裏面は魅力的なデザインが彫り込まれている

石に使われたからではないかと推測されている。

裏側のデザインにも驚かされた。整然としたふたつの三日月、ひょうたんのようにも見えるふたつの円盤。そこにも独特な装飾が施されていた。とくに円盤のなかは、たこ焼きのように見える丸い突起がいくつも収められており、眼がクギ付けになる。鏡とクシもある。その下の十字架は、ケルト美術の傑作といわれるキリスト教の装飾写本『ケルズの書』や『ダロウの書』のデザインに影響を与えたのではないかとみられている。

ライオンに頭をガブリと食われているあごヒゲの男を描いた石（破片）もおもしろい。これは預言者ダニエルとライオンの逸話であろう。マンガ風で、いまでも通用する図柄だと思う。

ほかにもケルトのデザインをあしらったカーペット、メダル、カードなども展示してある。それらはスコットランド本土の北端の町スクラブスター（Scrabster）生まれの美術家ジョージ・ベイン（1881～1968年）の作品だという。私たちが今日、よく眼にする螺旋、組みひも文様、渦巻き文様などを巧みに盛り込んだ典型的なケルト模様である。この人、「モダン・ケルティック・アートの父」と呼ばれているという。

さらに興味を引いたのが、800年ごろ、ローズマーキーにあったピクト人の集落を想像して描いた絵である。100メートル四方に外壁が設えられており、そのなかに大小さまざまな家屋が建っている。完全に村だ。時代的にブロッホは見当たらない。インヴァネス周辺にはこんなコミュニティーがあちこちに点在していたのだろう。

ピクト人が奏でていたハープが再現されていた。楽士（ミュージシャン）が描かれたシンボル・ストーンもあるくらいだから、ピクト人は音楽が好きなのだ。アンガス州の展示館ピクティヴィアにもさまざまな楽器が陳列してあった。
さて、ここまで来たのだから、本土最北端に足を伸ばそう。

## サーソーの石

サーソー（Thurso）はイギリス本島最北の町である。インヴァネスの北約177キロ。ハイランド州ケイスネス（Caithness）郡の中心地。人口は約9000人。てっきりうら寂れた田舎町だと思っていたら、存外に街らしいたたずまいを保っている。西方のドゥーンレイ（Dounreay）村に原子力発電所があり、田舎のわりには雇用率が高いといわれている。市街地はサーソー川の左岸に広がっている。

街中にケイスネス・ホライズン（Caithness Horizon）と呼ばれるヘリテージ博物館がある。2008年にリニューアル・オープンされたばかりで、真新しい。館内へ入ると、この地域の歴史についての説明があった。それにはこう記されている。

紀元前150年〜紀元150年に防御機能を持つ円筒形の住居ブロッホがピクト人によって海岸沿いの各地に建造された。彼らはその後、北スコットランド一円に定住したが、790年ごろスカンディナビアから襲来したヴァイキングに支配された。ヴァイキングは今日のスウェーデン、デンマーク、ノルウェーに住んでいた農耕・海洋民族である。ケイスネスにはノルウェー人が875年に定住したという。

▲簡素なサーソー駅。イギリス最北の鉄道駅だ

だからこの辺りの地名は、シェットランド諸島とオークニー諸島と同様、ほとんどノース語（ヴァイキング時代の古いノルウェー語）に由来する。サーソーは「雄牛の川」、ウィック（Wick）は「湾」のこと。アーマデール（Armadale）、ベリーデール（Berriedale）などのデール（dale）は「谷」を意味する。ケイスネスの南西部に広がるサザーランド（Sutherland）郡は文字どおり、「南の地」のことだが、こんな北の端にあるのにどうしてそんな地名がつけられたのか。それは北方の民ヴァイキングから見ると、南方に位置するからである。

1266年、北スコットランドを領有していたノルウェー王国にスコットランド王国が補償金を払い、宗主権を得たといういきさつがある。つまり500年近くも北欧の文化・風習に染まっていたのだから、そう簡単にそぎ落とされないのも納得できる。だからこのエリアもどこかシェットランド諸島とオークニー諸島とよく似た空気を放っている。

そんな歴史を持つケイスネスにあって、「ケルト」の匂いを放つピクトのシンボル・ストーンはやはり存在感がある。ケイスネスで14個が見つかっており、そのうちの3つだけがキリスト教と融合したクラスⅡ（8～9世紀）のもので、博物館にふたつ展示されている。どちらも有名な石だ。

ひとつはオーブスター・ストーン（The Ulbster Stone）。ウィックの南に位置するオーブスターで発見された。高さが1・6メートル。両面に十字架と牛、馬などの家畜や魚、そして空想の動物があしらわれている。あの三日月のデザインも添えられている。

もうひとつはスキネット・ストーン（The Skinnet Stone）といい、サーソー南方のスキネットのチャペルで見つかった。地元の名士シンクレア卿が博物館に寄贈したとき、落下して6つの断片に割れたが、それらをつなぎ合わせて見事に修復してある。高さ2・1メートル。十字架の軸にヘビのような魔獣がペアで描かれているのがおもしろい。


ピクト人の足跡をたどると、必ずシンボル・ストーンと出会う。ブロッホはピクトの黎明期の残滓といえるが、シンボル・ストーンは、まだまだ謎の部分が多いとはいえ、隆盛期から衰退期にいたる過程を如実に記録している。その意味でスコットランドにおいて極めて重要な遺物である。

各地のシンボル・ストーンを、現地の情景を盛り込みながら紹介してきたが、それらはごくほんの一部である。スコットランド東部と北部では、どんな田舎町に行っても、博物館にはまちがい

▲ケイスネス・ホライズンの目玉展示、
オーブスター・ストーン

▲6つの断片を接合したスキネット・ストーン

なくシンボル・ストーンのひとつやふたつは展示されている。土中に埋もれ、未発見のものもまだまだ少なくないかもしれない。ただ、北方のオークニー諸島とシェットランド諸島、そして西部地域には、意外とシンボル・ストーンが少ない。

それでも混沌としたスコットランドの古代史と中世初期の空気をシンボル・ストーンはいまに伝えている。いわば、ブロッホとともにスコットランドの原風景のような存在にぼくには思えるのである。

# ピクト人の拠点

## バーグヘッドの大要塞

ピクト人は初期にはブロッホ、あるいはそれが集まったところで暮らしていたが、その後はどんなふうに生活を営んでいたのであろうか。大規模な集落、砦、要塞があったのだろうか。格好の遺跡がマレイ地方に残っている。バーグヘッド（Burghead）というところ。そこを訪れたときの様子をルポ風に書き記そうと思う。

バーグヘッドは、エルギンの西北西約10キロにある。いかにもローカルな道路といったB9012号線に入ると、まわりに大麦畑が広がっていた。やがてマレイ湾（北海）が見えてくる。前方

▲バーグヘッド村の整然とした街並み

の岬、そこにバーグヘッドがある。碧い海をはさみ、その向こうに対岸の半島ブラック・アイルが横たわっている。マレイ湾は思いのほか広い。

目的地に近づくと、雄牛を描いたシンボル・ストーンが路肩にあった。そこに「Welcome to Burghead」の文字。そして松明の絵を彫った石には「Pictish Capital」と。まさにピクト国の都だ！　思わずときめいた。

エルギンからバスに揺られて25分後、終点のひとつ手前で下車した。そこはバーグヘッド村の真んなかだった。人口が約１７００人。ちっぽけな集落とばかり思っていたが、京都や奈良の条里制のように長方形の区域のなかに碁盤の目状の通りが走り、そこに花コウ岩の建物が整然と立ち並んでいる。綿密な都市計画によって街並みが建造されたのが一目瞭然。７００メートルほど向こうに岬がある。

通りをジグザグに歩きながら、岬をめざした。

途中、よろず屋でコーラを買ったあと、外に出たら、車を修理していた青年が手を休め、ぼくに微笑を投げかけてきた。なかなかのイケメンだ。ジュード・ロウに似ていなくはない。

「日本の方ですか。こんなところに来るなんて珍しいですね」

いきなり日本語だったので、驚いた。あ然としていたら、彼は言葉を紡いだ。

「東京で英語の教師を務めていました」

笑みを絶やさない青年にここへ来た理由を言うと、「ケルトにピクトですか。おもしろいですね。いま立っているところも、砦でしたよ」と教えてくれた。

えっ！　よほど大きな要塞だったのだ。といってもそれらしき跡は残っていない。このあとバーグヘッド出身のこの青年から有益な情報を得ることができた。

現地で収集した資料を合わせて説明すると、だいたいこうなる。いまの村の街並みは1805～9年にできた。それまではひなびた漁村だったのが、19世紀はじめに近代的な村へと生まれ変わった。1809年に岬の南側にある港が建造され、漁業と交易で栄えたという。

現在、バーグヘッドはスコッチ・ウイスキーの原料になっているモルト（大麦を発芽させた麦芽）の生産拠点になっている。ここに来るまでに眼にした大麦を加工しているのだ。岬のつけ根、村に入ったところに大きなモルティング工場があり、そこで年間、8万5000トンのモルトを生産しているという。それらはすべてスペイサイドにあるウイスキー蒸留所へ運ばれているそうだ。

約1500年前、ピクト人が暮らしていた要塞は岬の先端にある。現在の村を造ったとき、まだ要塞の外壁の一部が残っていたようだが、その半分ほどが取り壊され、建物がきずかれたという。だから青年が「いま立っているところも砦でした」と言ったのである。さらに港の建造のため、砦の壁が再利用されたそうだ。

## バーグヘッドの「聖なる井戸」

ピクト人の要塞についてはあとで詳しく触れることにし、青年のアドバイスに従って、まずは「聖なる井戸」を訪ねることにした。ここでは「中庭の井戸（Bailey's Well）」と呼ばれている。それはすぐ北側のキング・ストリートの西端にあるという。入り口の扉は施錠されているが、行けばわかると青年から言われていた。

いったいどういうことなのか。首をかしげながら、井戸へと歩を進めると、すぐに着いた。確かにカギがかかっていた。

「カギはキング・ストリートの69番地の家にあります。ここから80メートル。角の家」

矢印を添えたこんな表示が扉にあった。その家にはだれが住んでいるのか知らないけれど、玄関から自由に入ることができ、棚の上にカギが置いてあった。すべて信頼関係が基盤だ。

井戸に戻り、扉を開けた。眼の前に石の階段が緩やかな傾斜をつけ、地中に伸びている。その先は真っ暗だ。なんだか異界（あの世）への入り口のように思えた。井戸はそこにあるのだろう

▲「聖なる井戸」の入り口。その先に水がたまっていた

か。まわりには石塀が張りめぐらされ、きれいに芝で覆われている。なるほど、「中庭の井戸」と呼ばれるのかがわかった。

20段の階段を恐る恐る下りていった。完全に漆黒の空間かなと思ったけれど、地上の間口から入ってくる採光によって思った以上に視界がよかった。行き着いたところが小さな部屋になっており、貯水タンクのように水が張られていた。5メートル四方の正方形の空間。水槽は底なしのように思えたが、深さは1・3メートルしかないという。天井までの高さは約4メートル。水は驚くほど冷たかった。地中からこんこんと湧き出ている。かつて調査のために水を抜いたら、6日間で満タンになったという。

この井戸は、現在の村が完成した1809年に発見された。いつだれが造ったものかはわからない。当初、ローマ人が使っていた浴槽か井戸ではないかと推測されたが、形態がローマのものとは明らかに異なる。そもそもこんなスコットランドの僻地にローマ人が定住していたとは考えられない。なので、その説は否定された。

常識的にみれば、生活水として利用されていたのだろう。実際、いまの村ができるまで、この水が住民にとって生命線だった。ピクト人も当然、そのように井戸を使っていたと思われる。さらに信仰の対象にもなっていたはずだ。アニミズムを信仰していたケルト系の人たちは、とりわけ泉、井戸、湧き水などを神聖視し、そこに神々が宿っていると信じていた。この井戸からも、まことに「ケルト」らしい特徴の人面を彫り刻んだ石が見つかっている。

ケルト人は罪人や敵対する部族の捕虜を溺死させて処刑していたというから、ここでもおなじことがおこなわれていたかもしれない。真偽のほどは不明だが、こんな密閉された場所で人が殺められていたと思うと、ゾッとする。

キリスト教が伝わってからは、洗礼の場として使われていたらしい。これまで「ケルト」の取材で、いろんな「聖なる井戸」や「聖なる泉」を見てきた。ほとんどがキリスト教以前から使われており、キリスト教の時代になってもどこか異教の匂いを放っていた。ここもそうだったにちがいない。黒々とした水と独特な雰囲気からして直感でそう思った。

## 岬のビジター・センターにて

さて、次は要塞に行こう。といっても、この辺りも要塞跡なのだが、それらしき残滓が見当たらない。いや、この井戸自体がそのひとつかもしれない。とにかく、先ほどの青年がビジター・

▲岬の先端のこの辺りが要塞の中心部だった

センターに行けばいいと教えてくれていたので、岬の先端に向かった。

心地よい潮風を身体全体で受けながら、草地を歩いていくと、白亜の建物が視界に飛び込んできた。正真正銘の白色で、丸い形。色をグレーにすれば、まちがいなく軍事用のトーチカに見える。それがビジター・センターだった。

受付に赤ら顔のおばさんが座っていた。ぼくたちの来訪に驚いた様子だったが、すぐに温顔になり、「よくいらっしゃいました」とあいさつしてくれた。小さな展示室。そこにイラスト、写真、模型などでバーグヘッドの全容がわかりやすく解説されている。

「聖なる井戸」を見てきたと言うと、「不気味でしょ。私は怖くて行けないわ」と彼女は笑った。あとで教えてもらったが、名前はモリー・フレイザー。もちろん村人である。日本人が来たのははじめてだと言っていた。

▲ピクト人がきずいた要塞の模型

ぼくは要塞の模型に引き寄せられた。当時の住環境がよくわかる。岬の先端をぐるりと石塁の壁で囲っており、なかの敷地も壁で仕切られ、二等分されている。北側は低く、南側が高くなっている。さらに東側の内陸部にも三重の防御壁と溝が設えられている。

大きさは約3ヘクタール。甲子園球場をやや小さくした広さだ。そこにカヤ葺きの家屋が10数棟建っている。円形のものと直方体のもの、両方のタイプが見られる。農園や家畜の飼育場、そしてあの「聖なる井戸」もある。なるほど村の西方がすっぽり砦の敷地になっている。

一見すれば、要塞というより大きなコミュニティーか集落と考えるほうがいいかもしれない。ここに「王」（族長？）、農夫兼戦士、職人、下僕らが暮らしていた。バーグヘッドはピクト人の最大の要塞といわれており、北のピクト国の拠点だったとみられている。

4～6世紀に建造された。東側の防御壁はそれ以前の鉄器時代にきずかれたもので、ピクト人がそれを利用したらしい。7世紀、キリスト教の中心地となり、修道院やチャペルが建てられた。修道院は「聖なる井戸」の近くにあったという。要塞は500年以上存続したが、800年ごろ来寇してきたヴァイキングによって一部が焼き払われたという。その後もしかし、砦として機能し、最終的には10世紀ごろに見捨てられたようだ。

バーグヘッドの「バーグ（Burgh）」とは、スコットランドの北部や西部の海岸地域に建てられたあの円筒形の城塞ブロッホ（Broch）のことである。再現模型にはブロッホはなかった。おそらく要塞化される以前にはブロッホが建てられていたのだろう。そうでないと、こんな地名がつけられるはずがない。

バーグヘッド村へ入る前、猛々しい雄牛を描いたシンボル・ストーンをバスの車窓から見たが、そのオリジナルが東側の防御壁に並べられていたといわれている。典型的なクラスIのピクトの石だ。30個も見つかったそうだが、現在では1809年、港を建造した際に発見された6個しか残っていない。このビジター・センターとエルギンの博物館にふたつずつ、エディンバラの国立スコットランド博物館とロンドンの大英博物館にそれぞれひとつ展示されている。

ビジター・センターに展示してある石を見ると、尻尾をピンと伸ばし、いまにも突進しそうな雄牛の勢いがひしひしと伝わってきた。まさに権力と富の象徴といえる。ほかにも狩りのシーン

▲雄牛を描いたシンボル・ストーン

を浮き彫りにしたクラスⅡの石の破片も陳列してあった。

よほどパワーのある権力者がここで暮らしていたにちがいない。センターで入手した資料にはこう説明されていた。肥沃な土地から収穫される穀物、周囲に生い茂っていた森林で伐採された樹々、狩猟、マレイ湾で採れる魚介類、そして各地との交易で入手したワインや絹などが暮らしを支えていた。当時の人口については言及されていなかったが、住人から「王」が税金としてこれらの収穫物を受け取り、代わりに彼らの身を守っていたそうだ。原始的な封建社会といえる。

はて、どんな「王」が支配していたのか。具体的な名は記されていなかった。ピクトの王として歴史的にはじめて名が挙がったブルードがインヴァネス以外にもバーグヘッドに一時、居を構えたことを匂わせている。

## 火の祭典、クレイヴィー

「この村で有名なのはクレイヴィー（Clavie）です。スコットランド人ならみな知っていますよ」

展示品をしげしげと見ていたぼくにモリーさんが近寄ってきて、いきなり声をかけてきた。そして、「このパネルに詳しく書かれています」と言いながら、自身で説明してくれた。青年もこの祭りを自慢していた。

　クレイヴィーは、毎年1月11日におこなわれる新年を祝うお祭りである。パネルには炎が燃えさかっている樽の写真が映っている。新たな年に幸が訪れますようにとその樽を持ち運んで村中をパレードするのだ。スコットランドには12月31日の大晦日のホグマニー（Hogmany）が知られているが、バーグヘッドではこちらの祭りのほうが重要らしい。

▲クレイヴィーのポスター

　ユリウス暦を採用していたイギリス本島に１７５０年代、新しいグレゴリオ暦がもたらされた。そのとき旧暦の新年が1月11日になり、多くの住人は元日から11日間、浮かれていたそうだが、バーグヘッドでは11日を特別な日として祝うようになった。それがクレイヴィーだ。辞書を引くと、「大晦日に幸福を願って燃やされるタールの入った樽」となっている。ゲール語ではクリーヴ（Cliabh）となる。

「その日は、村人が総出で祭りを楽しみます。世界各地から観光客も来ますよ」とモリーさんは眼を輝かせた。

この火祭りはキリスト教が到来する以前からおこなわれていたという。その主導者が神官ドルイドだったといわれているが、その根拠がよくわからない。ただ、クレイヴィーの映像を見ると、かぎりなく異教の匂いが漂ってくる。18世紀には、村人と家畜を伝染病から守るためにこの祭りが催されていたという。そのときはジュネパー（ネズの実）を燃やしていたそうだ。

ひととおり見学し、モリーさんにあいさつをして帰ろうとすると、彼女に呼び止められた。

「バーグヘッドのこと、このビジター・センターのことを日本の皆さんにお伝えください。そしていつかグレイヴィーを見に来てください！　そうそう、この屋上からの眺めが素晴らしいですよ」

「はい、承知しました！」

思わず日本語で返答してしまい、気分よくビジター・センターを出た。

さっそく屋上に上った。紺碧のマレイ湾から得も言われぬ心地よい潮風がぼくの顔をなでる。沖に漁船らしき小船が西方へ航行している。左手のはるかかなたに黒っぽいブラック・アイルが見える。じつに穏やかな日より。こんな日は珍しいという。普段は強い海風がビュービュー吹きつけ、嵐ともなれば、すさまじい波浪が打ち寄せる。

▲要塞の面影を残す岬の先端

一転、陸地のほうに視線を移す。芝地の真んなかがこんもり盛り上がっている。集落を南北に仕切る壁がそこにあった。高くなっている南側に権力者が暮らしていた。

ここはほんとうに見晴らしがいい。戦略上、最高の立地条件を備えている。しかも強固な防御壁で張りめぐらされている。ピクト人はそれを過信したのか、海から攻め込んできたヴァイキングにあっけなく占拠された。ピクト人は陸地の戦いが得意なだけに、想定外だったのかもしれない。

ビジター・センターを離れ、岬の北側の岩浜へ下りた。どことなく要塞跡のような岩が眼につく。岬の先端に視線を流し、1500年前の情景をイメージしようとした。しかしあまりにも陽気がいいので、ピクト人のミステリアスな空気を感じ取ることができなかった。この地に彼らが確かに暮らしていたことが肌身でわかっただけでも善しとしよう。

草が生い茂る崖を登り、こんどは反対側の南斜面を下りていった。こちらは港になっている。堤防で仕切られた桟橋に漁船が数隻、繋留されていた。

「ハロー！　いい天気だね」

釣り糸を垂らしていたおじいさんがぼくにあいさつしてくれた。人懐っこい方だったので、冗談で「あなたもピクト人の子孫なんですか？」と質問した。すると、おじいさんは一瞬、とまどった表情を見せたが、「もちろん、そうだよ」とケラケラ笑った。

## ネス湖畔のアーカート城

スコットランド観光の最大のハイライトは、ひょっとしたらネス湖かもしれない。インヴァネスに来て、そこに行かない人はまずいないだろう。手短に足を伸ばせるから、大半の人は湖のほぼ真んなかの岬にあるアーカート（Urquhart）城を訪れ、怪獣ネッシーが出現すればいいのにと願いながら、湖面を眺める。それが定番になっている。

このようにアーカート城はきわめて有名な観光スポットだが、古代から中世初期にかけてピクト人が砦をきずいていた。そのことはあまり知られていない。

ネス湖へは、インヴァネスからネス川とカレドニアン運河に沿って走るA82号線を進めば、容易にたどり着ける。鈍色に染まる鏡のような湖面はひじょうに不気味だ。2億年前の地殻変動で、インヴァネスからフォート・ウィリアム（Fort William）のあいだにグレン・モー（Glen Mor）と呼ばれる大断層が生まれた。「大きな谷」という意味のゲール語だ。その窪地に雨水がたまり、帯

▲ネス湖と対峙するアーカート城

状の細長い湖（ロッホ）がいくつもできた。そのなかで最大のものがネス湖である。
長さが約40キロもあるのに、幅が2キロほどしかない。湖面の海抜は約15メートル。深さは平均130メートルで、最深は250メートルもある。水量はイギリス一だという。厳冬期でも、水温は5度以下にはならず、凍結しない。

アーカート城の湖畔に立ち、湖面を眺めていると、やはりネッシーが水しぶきとともに姿を現しそうな気になってくる。そのネッシー、最初に目撃したのが、聖コロンバだといわれている。この御仁がピクト国のブルード王と接見した565年のこと。

場所はネス湖ではなく、もっと下流のネス川の土手だった。コロンバがそぞろ歩いていると、ある男性が埋葬されていた。もちろんピクト人である。訊くと、水竜にかみ殺されたという。聖人は弟子に、川を泳いで渡り、小舟を取ってくるよう命じた。弟子がそうすると、突然、モンスターが水中から出現した。まわりの者が恐怖におののくなか、コロンバは水竜に向かって、「すみやかに戻りなさい」と言い放った。その言葉でネッシーは姿を消したという。この奇跡が、ピクト人へのキリスト教の布教を容易にしたともいわれている。

聖コロンバはネッシーと遭遇する前にアーカートを訪れている。当時、ここはエアドカーダン(Airdchartdan)と呼ばれていた。「森のそば」という意味。エムカスというピクト人の豪族の砦があり、死の床についていたその領主が他界する直前、コロンバによって家族とともに洗礼を受けたという。

鉄器時代からこの地にピクト人が暮らしていた。聖コロンバが来たころにはすでに要塞化されていた。なにしろスコットランドの西と東を結ぶ道の真んなかに位置しているのだから、戦略的な要衝だったにちがいない。

ピクト人が歴史の表舞台から姿を消してからも、アーカートは砦としての機能は失われず、1230年にスコットランド王アレクサンダー2世(1189~1249年)から土地を与えられたダーワード一族が堅牢な城をきずいた。その後、戦禍に遭ったり、落城の憂き目にもさらされたりしたが、1692年、当時の領主グラント一族がジャコバイト派の軍勢に乗っ取られるのを防ぐため、城を破壊した。以降、320年間、廃城のまま今日に至っている。

現在、アーカート城にピクト人の足跡はどこにも見られない。すぐ西側にあるドロムナドロヒト(Drumnadrochit)村の近くでピクト人の埋葬跡が見つかったそうだが……。

## オークニーのバーゼイ島

本書の最初に紹介したオークニー諸島にも、ピクト人の一大拠点の遺跡が残っている。メインランド島の中心地カークウォールから北西約25キロに位置する島、ブロッホ・オヴ・バーゼイ（Brough of Birsay）である。本島の400メートルほど沖に浮かんでいるが、干潮時になると、海底からコンクリートの道が出現し、あっと言う間に陸続きになる。ボートは不要。なので、島に渡るには潮の干満時間を把握しておく必要がある。

バーゼイ島は対岸から見ると、ホットケーキのような平べったい形をしているが、上空から俯瞰すると、歪な四角形をしている。面積は21万平方メートル。甲子園球場が6つほど入る大きさだ。島に上陸し、メインランド島に視線を移すと、まるでアイルランドの西海岸にある景勝地、モハーの断崖によく似た情景が望めた。

緩やかな傾斜を上ったところに教会の伽藍跡がある。その端に立つ薄い直方体の石板は、風雨で表面が劣化しているが、まぎれもなくピクトのシンボル・ストーンである。片方の面におなじみのデザインが彫られてある。鏡、V字を添えた三角形、象のような動物とタカ、そして下部に3人の人物。彼らはヤリを手にして左から右へ行進する兵士たちだ。先頭の男は、楯の模様が異なり、丈夫なヤリを持っていることから、きっと位の高い人物なのだろう。これらの人物像はクラスIの石に後年、加えられたものとみられる。

このシンボル・ストーンはしかし、レプリカである。本物は修復され、エディンバラの国立スコ

▲陸続きになったバーゼイ島

▲教会跡に立つ直方体のシンボル・ストーン

ットランド博物館に保管されている。それでもこういうロケーションで対峙すると、ピクトの息吹がビンビン感じられる。

7〜9世紀、この島はピクト人の生活圏だった。9世紀はじめに渡来したヴァイキングとのあいだでなにが起きたのかは不明だが、しばらく共存していた可能性が高いとみられている。なぜなら西側のヴァイキングの住居跡からピクト人の残した遺物がいくつも発見されたから。ほかにもヴァイキングの原郷スカンディナヴィアをはじめアイルランド、イングランドと交易していたことを示すものが見つかっている。島の東側にもヴァイキングの住居跡があった。

教会跡の東端にある井戸はピクト人が鍛冶で使っていたものとみられる。住居跡はヴァイキング時代のものだけで、ピクト人のものは残っておらず、はて、どのくらいの規模でピクト人が定住していたのかはよくわからない。

ただ、島の名前が大きなヒントを与えてくれる。「バーゼイ」(Birsay)はヴァイキングの言葉で「要塞」を意味する。「ブロッホ」(Brough)も「要塞」のことだから、ブロッホ・オヴ・バーゼイは「要塞の要塞」ということになる。ピクト人もヴァイキングもここが北の海ににらみを利かす重要な場所だと認識していたのだろう。しかしそのものズバリ、要塞を示す残滓はない。だから島そのものが自然の要塞とみてとれる。

この島で発見されたものは、カークウォールにある小さな博物館に展示されている。タンカーネス・ハウス(Tankerness House)と呼ばれるこの建物にはオークニー諸島の歴史・民俗が凝縮

▲ピクト人が遊んでいたゲーム盤

されている。当然ながら、ヴァイキング関係がメーンだが、ピクト人のものも少なくない。

眼を引くのはやはりシンボル・ストーン。4つの石とふたつの断片が陳列されており、そのうちひとつはクラスⅡで、くっきりと十字架が彫られている。あとはタカ、V字とセットになった三日月、鏡などクラスⅠのデザインが描かれている。

ほかにピクト人が使っていたピンやクシもある。素材はアザラシやクジラの骨だという。ピンは金属のものもあり、どれもなかなか精巧だ。ガラス製のビーズははじめて見た。おもしろいのが、平べったい石に碁盤の目を刻んだゲーム盤。そこに骨でできた駒が添えられている。当時のチェスのような遊具なのだろう。こういう娯楽品を有していたということは、暮らしにゆとりがあった証しである。

2頭のドラゴンが向き合っている飾り板も興味深い。これはピクト人のものではなく、意匠からしてヴァイキングの手によるものだとわかる。クジラの骨でできている。彼らが島にもたらした亜麻布（リネン）を滑らかにするための道具らしい。

11世紀半ばにロマネスク様式の大聖堂（教会?）がバーゼイ島に建てられた。カークウォールの聖マグナス大聖堂が建造されるまで、そこがオークニー諸島におけるキリスト教の中心地だった。ただその教会が島にある伽藍跡なのか、対岸のバーゼイ村にあった教会なのかは定かではない。村にはオークニー伯の宮殿跡があるので、そちらのほうが有力かもしれない。ともあれ中世の一時期、この辺り一帯がピクト人の北方海域の拠点であったことはまちがいない。

# Ⅲ　暗黒時代

ブリトン人

スコットランドの先住民ピクト人のことを長々と書き記してきたが、彼らが光芒を放っていた時期、スコットランドにはブリトン人とスコット人というべつのケルト系の民族も暮らしていた。互いに善き隣人というより、敵対し合っていたときのほうが多いと思われるが、やがて3者が少しずつ融合し、スコットランドの「ケルト」を形づくっていった。そのなかで存在感に乏しいのがブリトン人である。まずはダンバートン（Dumbarton）を訪れてみよう。そこが彼らの拠点だったからである。

## ダンバートン・ロック

ダンバートンは、スコットランド最大の都市グラスゴーの北西約21キロ、クライド湾（Firth of Clyde）の北岸に位置する人口2万人ほどの町。河口のような湾の幅はひじょうに広く、入り江と言うほうがいいかもしれない。観光地ではない。長らく工業の町だった。

18～19世紀にはガラス製造で知られ、そのあとは造船業で潤った。スコッチのブレンデッド・ウイスキーの銘柄にもなっている、あの有名な紅茶輸送の高速帆船カティサーク号（Cutty Sark＝ロンドン近郊グリニッジで保存。２００７年、失火により損害を受けた！）もダンバートンのドッ

▲ブリトン人の拠点だったダンバートン・ロック

クで建造された。1963年に造船業が終焉を迎えるや、ウイスキー産業が興った。それも10年ほど前に廃れ、現在はグラスゴーの衛星都市になっている。車なら30分で通勤できる。風光明媚な湖ロッホ・ローモンド（Loch Lomomd）が町の北方にあり、日帰りの行楽客の通過地点になっている。

クライド湾沿いのちょっぴり陰鬱な工場地帯を抜けると、パッと視界が開け、自然の広がる風景に変わる。丘の中腹の道路から左手に視線を流すと、遠方の眼下に大きな岩山が眼に入ってくる。それがダンバートン・ロックである。なんだかクライド湾に浮かんでいるようにすら見える。

ダンバートン・ロックは、ブリトン人がきずいたストラスクライド（Strathclyde＝ストラス渓谷）王国の都があったとされるところだ。ダンバートン（Dumbarton）という地名は、その名もズバリ、「ブリトン人の砦」という意味。ゲール語ではDun Breatainn。Dunが砦、Breatainnがブリトン人のことで、それが英語化してDumbartonになった。地名が自らの言葉ブリトン語ではなく、スコット人の言葉ゲール語由来であるところがなんとも意味深である。

地元の人たちは、ダンバートン・ロックのことをカースル（城）と言う。岩山に建てられた城なのだから、そう呼ばれている。ふたつの岩が合体したような形態。見た眼は二上山（大阪府と奈良県の境）とそっくりだが、標高は73メートルとかなり低い。それでも黒っぽい玄武岩の塊とあって、すごく存在感がある。ふたつの山を埋める緑深い樹々がやけに眼に焼きつく。

## ストラスクライド王国

ダンバートン・ロックに人間が暮らしはじめたのは、鉄器時代の初期、紀元前700年ごろからだといわれている。ここが歴史的に注目されたのは、イギリス本島からローマ帝国が退いた410年前後のことで、ブリトン人によってしだいに要塞化され、彼らの一大拠点として機能していった。いつしか「クライドの石」（ゲール語でAlt Clut）と呼ばれるようになり、ここを基盤にストラスクライド王国が形成されていった。

ブリトン人とは、1世紀にイギリス本島がローマ帝国の属州ブリタニアになったとき、島に定住していたケルト系部族の総称である。イギリス（連合王国）がブリテン（Britain）という呼称を持っているのは、そこから来ている。北はスコットランド南部（今日のローランド地方）まで、イギリス本島に20数部族がそれぞれテリトリーを定めて住んでいたことがわかっている。彼らは

▲ディン・エイディンと呼ばれていたエディンバラ

ケルト語の一種ブリトン語を話していた。現在のウェールズ語やコンウォール語、フランス・ブルターニュで話されているブルトン語の原型ともいえる。

ローマ帝国のイギリス本島からの撤退後、スコットランドでは部族が淘汰されていき、3つのブリトン人の王国ができた。そのなかで一番パワフルだったのが、ダムノニイ族がきずいたとされるストラスクライド王国である。実際のストラスクライドの辺りだけではなく、そこから南方へ領土を広げ、ローランドの南西部一帯をほぼ手中に収めていた。

都のダンバートンは領土の最北端に位置しており、すぐ北側に国を構えていたピクト人やスコット人から攻撃を受けやすいという弱点があった。それでもここを都にしたのは、クライド湾とレーヴェン（Leven）川というふたつの水脈が出会うところにあり、四囲を見渡せられるというロケーションの良さに負うところが大きいのだろう。

そのストラスクライド王国の南部からイングランド北西部（カンブリア地方）にかけて、べつのブリトン人のノヴァンタエ族が建てたレゲド（Rheged）という王国があった。主邑はアイリッシュ海に面する南海岸のモート・オブ・マーク（Mote of Mark、現在のロッククリフ）。そしてストラスクライド王国の東側一帯にヴォタディニ族のゴッドーディン（Gododdin）王国があった。今日のエディンバラ城が拠点のひとつで、当時、ディン・エイディン（Din Eidyn＝「丘の上の要塞」という意味）と呼ばれていた。

いずれも王国と記したが、その実態は今日の国家とはほど遠く、あくまでも部族の領土にすぎなかったと思われる。王はパワフルな部族長で、〝国境〟も厳密にあったわけではない。3つの部族はおなじブリトン語を操り、おなじ生活習慣や文化を有する者同士だったので、それほど敵対していたとは考えられない。

ストラスクライド王国が歴史的にはじめて記述されたのは、450年ごろのこと。アイルランドにキリスト教を広めた聖パトリックが、ストラスクライド王国のセレティックという王に送った手紙のなかに出てくるそうだ。領土内でキリスト教の布教が邪魔されていると苦情を書き綴ったものらしい。このときの王はすでにキリスト教徒だった。6世紀には、伝説の英雄アーサー王を指南した魔術師マーリンがダンバートン・ロックに泊まったという伝承が生まれた。

その後、王国は異民族による度重なる侵略に遭ったが、11世紀前半、あとで述べるアルバ王国によって吸収され、実質的に消滅した。トータルで600年近くも存続していたことになる。しかしそのわりには謎に包まれたところが多い。いや、ストラスクライド王国だけではない。この時代のスコットランド自体が深い陰鬱な闇のなかに沈んでいたのであった。

## 混沌とした暗黒時代

暗黒時代――。古代の終わりから中世の初期にかけてスコットランドには確固とした国家が存在しておらず、史料にも乏しく、こんなおっかない名がつけられている。暗黒時代がいつなのかはいろいろ解釈があるが、ローマ帝国のイギリス本島撤退からスコシア（Scocia＝スコットランド）という国名が生まれた時期までという説が一般的だ。つまり5～11世紀。とりわけ前半は魑魅魍魎といえるほど混沌としている。スコットランドの「ケルト」を探っていけば、どうしてもこの時期に集中してしまう。

スコットランドの南部まで勢力を伸ばしていたローマ帝国が410年ごろにイギリス本島から退いて200年以上が経ったとき、スコットランドには4つの異なる言語、文化、風習、リーダーを持つ住人がいた。彼らは互いに抗争し合ったり、ときには同盟を結んで他者を攻撃したりしていたのだから、まさしく戦国時代ともいえる。4つの住人は次のとおり。

トップバッターが本書で詳しく触れてきたピクト人。すでに述べてきたとおり、東のフォース湾と西のクライド湾を結ぶ線から以北のハイランドに広く住んでいた。はるか北方のオークニー諸島やシェットランド諸島、さらに西部の内外へブリディーズ諸島まで足跡を残している。絶海の孤島のような北方の島々にも定住していたことを強調せんがため、『I　ピクトの黎明』の章で執拗に言及したわけである。

当時、おそらく国家という形態をとっておらず、確固たる王が全土を支配していたとは思えないが、彼らの定住地を便宜上、ピクト王国（ピクテイヴィア）と呼ばれている。今日のアンガス州を核とし、スコットランド中東部で勢力を保っていたのが南ピクト人、マレイ州を拠点に北東部一帯に住み着いたのが北ピクト人。ブロッホやシンボル・ストーンは彼らの存在を証明する貴重な造形物である。

ピクト王国の南にいたのがブリトン人である。当初はピクト人とブリトン人だけだったが、そこに500年ごろ、アイルランド北東部からスコット人が西部アーガイル（Argyll）地方に渡り、ダルリアダ王国（Dalriada）を造った。ブリトン人とスコット人はともにケルト系だが、前者はブリトン語、後者はゲール語というふうに異なったケルト語を話していた。ピクト人もケルト語の一種を話していたようなので、これら3つのグループはひっくるめてケルト系民族といえる。ただし言語的なコミュニケーションはとれなかった。

そこに南のイングランドからまったくちがった民族が北上してきた。ゲルマン系のアングル人である。彼らはもともとデンマーク辺りからイギリス本島南部へ渡来し、土着のブリトン人諸部族を駆逐し、イングランド北東部にベルニシア（Bernicia）王国をきずいた。それがノーサンブリア（Northumbria）王国に発展し、7世紀のはじめ、スコットランド南東部へ侵入してきた。そし

7世紀半ばの
スコットランド
オールド・スキャットネス
バーゼイ島
バーグヘッド
エアドカーダン
(アーカート)
ピクト王国
(ピクト人)
スクーン
ダナッド
ダルリアダ王国
(スコット人)
ダンバートン
ノーサンブリア王国
(アングル人)
バンバー
ストラスクライド王国
(ブリトン人)

て638年、ブリトン人のゴッドーディン王国の拠点ディン・エイディンを攻略し、以降、エディンバラと英語読みで呼ばれるようになった。

このように7世紀半ばのスコットランドは、北方にピクト王国、西部にスコット人のダルリアダ王国、南西部にブリトン人のストラスクライド王国、そして南東部にアングル人のノーサンブリア王国という4つの国が鼎立していた。どの国もすきあらば、虎視眈々と他国を侵略する機会をうかがっており、戦いが絶えなかった。

東海岸アンガス地方のアーブロース近郊のネクタンズミア（Nechtansmere）で、北上してきたアングル人をピクト人が打ち破った（685年）かと思えば、両者がタッグを組んでブリトン人の要塞ダンバートンを攻撃（756年）したりと目まぐるしく状況が変わった。そのうち第5の勢力ともいうべき新たな脅威が北欧からやって来た。

ヴァイキングである。彼らはオークニー諸島、シェットランド諸島、内外へブリディーズ諸島などの島々、本土の海岸地域をことごとく占拠し、定住をはじめた。つまり8世紀後半には、ピクト人、スコット人、ブリトン人、アングル人、ヴァイキングと5つの民族がスコットランドに存在していたのである。

ヴァイキングに対抗する意味もあって、843年、スコット人のダルリアダ王国の王がピクトの王を兼ね、アルバ王国となり、以降、スコットランドをひとつにまとめる牽引力となっていった。アルバ王国はダンバートンを攻略し（870年）、カーラムの戦いでアングル人の勢力を追っ払い

（1018年）、しばらくしてストラスクライド王国を吸収（1034年）した。このころ、前述したスコシア（Scocia）の名が使われ、その後、イングランドとの国境が定まった（1092年）。

スコットランドに秩序が保たれたのは、マルカム3世（1031〜1093年）が国王に即位した1058年以降といわれており、初代国王ケネス1世＝ケネス・マカルピン（?〜859年）の時代から200年間は、各民族の内部抗争、ヴァイキングとアングル人の脅威などでそれこそ混乱状態にあったのだろう。はっきり言えないのは、極めて資料が乏しく、よくわかっていないからである。

陰鬱でミステリアスな靄に覆われた暗黒時代。いったいスコットランドでなにが起きていたのだろうか。曇り空の下、蕭然とたたずむダンバートン・ロックを眺めていると、ゾクゾクと身震いがしてくる。不気味さからか、それとも好奇心からか……。よくわからない。ただ言えることは、暗黒時代の秘められた歴史をダンバートン・ロックがしっかり抱え込んでいる。そのことだけは肌身で感じることができた。

## ダンバートン・ロックの変遷

ダンバートン・ロックに登り、城を見学したい。そんな衝動に突き動かされたが、あいにく閉鎖中だったので、断念せざるを得ない。そこで再度、巨岩を遠望した。

ここ（北側）から見ると、右側（西）の高いほうの頂上にスコットランド旗（セント・アンドリュー旗）が翻っているのがよくわかる。左側（東）の平べったい頂上には堅牢な石の建物がへばりついている。その下に厚い壁が取り囲んでいる。ふたつの峰のあいだにも城壁がある。天然の要塞の上に人工の要塞を重ね合わせ、全体が完ぺきな軍事拠点になっているように思えた。

いま眼にしているのはブリトン人の砦跡ではなく、ずっと時代が下り、18世紀に領主のカシリス伯爵ジョン・ケネディ8世の手で建造されたものである。同世紀前半、ジャコバイトの乱が起きたとき、反政府勢力とフランス軍による攻撃を恐れ、ときの政府が要塞化を促した。その後、監獄として使われたが、1865年に放棄された。

第1次大戦（1914～18年）と第2次大戦（1939～45年）ではイギリス軍の駐屯地となった。そのため第2次大戦中、ドイツ空軍の襲撃を受け、爆弾が4発、落とされたという。戦後は国の所有地となり、現在、歴史的保存モニュメントとしてスコットランド政府が管理している。

ストラスクライド王国が消滅してから、ダンバートン・ロックはどうなったのか。1222年にスコットランド王国が西部海域を支配するノルウェー王国ににらみをきかすためにここに城を建造した。以降、スコットランド王室にとって、ダンバートンは重要な軍事拠点のひとつになった。

特筆すべきことは、スコットランド独立戦争（13～14世紀）のとき、英雄ウィリアム・ウォリスがイングランド軍に捕まり、ロンドンへ護送される途中、ここでしばらく投獄されたことだ。それにちなんで、西側の頂上をウォリス・シートと呼ばれている。通称はホワイトタワー・クラッグ。「クラッグ」（crag）とは「ノド」のこと。そして東側の頂をザ・ビーク（The beak）という。「くちばし」という意味だ。顔を横に倒すと、ダンバートン・ロックは鳥の頭部に見えなくはない。
スコットランドの悲劇の女王メアリー・スチュアート（１５４２〜87年）とも縁がある。彼女が幼少期、内紛による危険を避けるためフランスへ渡ったとき、ここで一時、身を潜めたそうだ。その13年後、フランスから帰国し、反乱軍に破れて王妃の座を追われたメアリーがイングランドのエリザベス女王（１５３３〜１６０３年）の元へ逃れる途中にも立ち寄っている。このあと彼女は死ぬまでスコットランドに戻れなかった。

このようにダンバートン城は、暗黒時代のみならず、古代から現代にいたるスコットランドの歴史をたっぷり染み込ませている。そう思ってロックを眺めると、冷たそうな岩ではなく、体温を帯びた有機体のようにも感じられた。とりあえずケルト系のブリトン人がここを拠点にし、ある時期、勢力を誇っていたことを頭にとどめておきたい。

## スコット人

### ゲール語事情

ピクト人、ブリトン人と探ってきたら、次はスコット人の番だ。ピクト人によってスコットランド全土に種がまかれた「ケルト」をさらに強烈なものにした民である。暗黒時代に大きなくさびを打ち込んだ彼らの足跡を探るには、なにを置いても西部アーガイル（Argyll）地方に向かわねばならない。

アーガイル地方の中心地が港町オーバン（Oban）である。グラスゴーからの列車の終着駅になっている小さな駅舎を出ると、鈍色の海をたたえたオーバン湾が広がっている。潮の香りが鼻をつく。湾の真正面に平べったいケルラー島（Kerrera）が浮かんでいるが、強烈な曇天のせいで、島は不気味なほど黒っぽく見える。その前を白黒ツートンカラーの大型船が右手から航行してくる。カレドニアン・マックブレイン（Caledonian MacBrayne）社のフェリーだ。

眼の前の情景は寂寥としているけれど、どこか安堵感を与えてくれる。港に対峙する街並みが見事なほどに調和がとれており、すべてがこぢんまりとまとまっているからだろうか。西方に広がる海の世界と東の緩やかな丘との対比も眼にやさしい。だからぼくはオーバンが大好きだ。

この町に来てから、「ケルト」らしい雰囲気が一段と強く感じられた。それは町中で見かける表示がほとんど英語とゲール語で書かれているからである。英語が上に、ゲール語が下に。その逆もある。なかにはゲール語だけの表記も眼につく。12年前に訪れたときよりもはるかにゲール語化が進んでいると実感した。

「独立してから、ゲール語を見直す動きが顕著になりました」

港に面したパブでエール（上面発酵ビールの一種）をすすっていた紳士然とした男性がこんなことを言っていた。１９９９年のスコットランド自治政府と議会の設立を「独立」と表現したのに

▲こぢんまりしたオーバンの港

▲ゲール語表記が目立つ（下が英語）

はいささか驚いたが、はて、実際にゲール語の話し手は増えているのだろうか。

調べてみると、2001年の国勢調査では、スコットランド（人口約512万人）におけるゲール語のスピーカーは1パーセント強の約5万8000人。北西部にいくほどゲール語がよく使われており、とりわけ外へブリディーズ諸島では際立っている。しかし1991年の約6万6000人に比べて減っているのが気がかりだ。統計がとられた最初の年、1755年では約29万人（ゲール語しか話せない人のみ）で、当時の人口（約127万人）に占める割合は23パーセントだった。

このようにゲール語は英語に押され、衰退してきた言語だが、スコットランド人のアイデンティティにも関わる問題とあって、消失させるわけにはいかない。そんな願いから2005年にスコットランド政府がゲール語を公用語に認定し、以降、ハイランドを中心に英語とのバイリンガル表記がめっきり増えてきた。ただ、話すほうが思うようにいっていない。ゲール語専門学校が設置されるなど対策が講じられ、2000年以降、話し手が漸増すると予測されていたのに、あに図らんや減少している。

オーバンでゲール語表記が目立つのは納得できる。なにせアーガイル地方なのだから。アーガイルには「東のゲール人の土地」という意味がある。ゲール人とは、その名のとおり、ケルト語の一種ゲール語を操る人たちのこと。東というのは、西のほう（アイルランド島のこと）に本家のゲール人がいたからである。

アーガイル地方は、オーバンと南東約30キロ離れたインヴァレリー（Inveraray）を中心にした西部の本土、そしてマル島（Isle of Mull）、ジュラ島（Jura）、アイラ島（Islay）といった内ヘブリディーズ諸島の島々をふくむ一帯をさす。ぼくがオーバンへ来たのは、そのゲール人のスコットランドにおける源に迫りたいがためである。

## キルマーティンの石板

黒い雲に覆われ、いまにもポツリ、ポツリと降り出しそうななか、オーバンから南へ約30キロのキルマーティン（Kilmartin）村をめざした。村とはいえ、家屋が密集しておらず、ちっとも村らしくない。目立つものといえば、バス停の横に「キルマーティン・ホテル」と白壁に書かれた建物と道路の向かい側の教会ぐらい。

その教会に足を進めた。ひじょうに重々しい石の教会だ。１８３５年に建造されたので、比較的新しいが、ルーツは14世紀前半にさかのぼる。扉はしっかりと施錠されており、建物のなかに入ることはできなかった。

教会に向かって左手に芝地の墓地が広がっている。円環を組み合わせたケルト十字架は少ししか見られなかったが、それに代わり存在感のある石板をいっぱい眼にすることができた。それらは西スコットランドでもっとも価値のある石の造形物だといわれている。

チャペルのような廃屋に足を踏み入れると、高さ2メートルほどの石板がズラリと壁に立てかけてあった。30枚ほどあろうか。それらは、キルマーティン・ストーン（Kirmartin Stone）と呼ばれている。騎士、木の葉、大バサミ、剣、そしてなにやらグロテスクな動物が組みひも文様状にびっしりと表面に描かれている。

▲中世の亡霊が漂うポルタルロッホ・ストーン

すべて墓石である。14～15世紀のものと18世紀初期のものがある。前者はキルマーティンの北東約3キロ、帯状に伸びているオー湖（Loch Awe）の畔で石細工職人の手で造られた。「オー」（Awe）とは「畏敬」という意味。

中世（一部近世）の空気をたたえる石板のコレクションのすぐそばに、長方形の石の囲いがあった。そのなかにも7枚の石板が、少し斜めになっているが、墓石らしく倒して並べられていた。ポルタルロッホ・ストーン（Poltalloch Stone）という。2対の騎士像が守護神のように見えた。これも14世紀の終わりから15世紀にかけてオー湖畔で制作された。これらの石板から「ケルト」の匂いは感じられない。暗鬱とした中世の亡霊が石にまとわりついているように思えてならなかった。

そんな墓石をじっと眺めていると、霊に取り憑かれそうな気がしてきたので、早々に墓地の南端へと歩を進めた。ここは高台にあり、平地を一望できた。キルマーティンの谷だ。谷といっても、両側に峻険な山がせり出す日本の谷とはまったく異なり、じつに広々としている。そこに牛やヒツジが放牧されており、牧歌的な光景がひろがっている。

そのずっと南の先に丘が見えた。ダナッドの丘だ！　そこに行きたかったのである。

## 古代遺跡が点在するキルマーティンの谷

ダナッドの丘に行く前に教会の北隣にあるキルマーティン・ハウス博物館（Kirmartin House Museum）に入った。小さな博物館で、展示も簡素なものだったが、ひじょうに興味深い、かつ有益な情報を与えてくれる。

それはキルマーティンの谷がスコットランドで屈指の古代（一部中世）遺跡の集積地であるということ。ここを中心に周囲約10キロ以内に３５０ほどの遺跡が点在している。博物館に展示されている遺跡地図には数え切れないほど印がつけられていた。スタンディング・ストーン（立石）、列石、墳墓、砦、箱形石棺、居住地、そして石の表面に彫られた文様……。

とくに石の彫り物は40カ所に１００以上もある。カップ状、同心円、渦巻きと円形のデザインが圧倒的に多い。それがなにを意味するのかはまだよくわかっていないが、すぐ近くに位置する海の波か渦を表現しているような気もする。あるいは、ひょっとしたら、宇宙人が描いたのか⁉

それらは一見、「ケルト」らしい文様である。そのものズバリとも思える。が、「ケルト」が関わる時代よりもずっと以前の青銅器時代初期のものだという。これらのデザインは、アイルランドにある巨大墳墓ニューグレンジの入り口に置かれた石、それにフランス・ブルターニュのガヴリニ島の墳墓にあった石に刻まれた文様とそっくり。きっとおなじ文化圏に属していたのだろう。

キルマーティンの谷のなかで、一番古いのが紀元前３０００年ごろ（新石器時代）のものである。そのあとの青銅器時代、鉄器時代、そして中世初期までの遺物を谷がしっかり抱え込んでいる。博物館のテラスからすぐ下に広がっている牧場に、小石が積まれたふたつのリング状の塚が見えた。ともに紀元前2000〜同1500年（青銅器時代）に造られた墳墓。この種の墳墓が南方に向かっていくつも点在している。

他の遺跡もふくめ、谷は死者の霊を弔う場だったことがわかる。いまの感覚からすれば、この付近は過疎の僻地にしか映らないけれど、5000年前には西方の海（ジュラ水道）と東方の海（ファインの入り江）に挟まれ、房が垂れ下がったようにグッと南へ突き出たキンタイア半島（Kintyre）の付け根にあるというロケーションが、生活を営むには申し分のない環境を与えていたのかもしれない。あるいは外部の侵入を容易に許さない、そんな戦略的な立地条件にも合致していたのだろう。

ともあれキルマーティンの谷は「死者の谷」である。人が暮らせば、当然、死がともなう。だから墳墓があってもおかしくないのだが、かくも集中しているところに、この地はなにか秘めたものを宿しているのではないかと思ってしまう。ここに足を踏み入れたときから、独特な空気がこもっているのがなんとなく体感できたし……。

## ダルリアダ王国の都、ダナッド

ダナッドの丘は、ブリトン人の主邑ダンバートン・ロックより少し低く、標高は54メートル。ふたつの峰があるところは、ダンバートン・ロックとよく似ている。丘のふもとに農家らしい家屋

▲キルマーティンの谷の南に位置するダナッドの丘

が数軒、建っているだけで、丘は牧歌的な風景に溶け込んでいる。

　不思議な力に導かれるがごとく、無言で丘に足を向けた。井戸や防御壁らしい跡を眼にしながら、急な勾配を一歩ずつ進めていくうちに頂上に立っていた。

　四囲を見渡せる。キルマーティンの谷は、平べったくまるで盆地そのものだった。まわりの山はせいぜい標高が120メートルほどで、丘陵といったほうがいい。すぐ北に小川が流れている。アッド（Add）川。その川のほとりにある砦だから、ゲール語でドゥーン・アッド（Dun Add）。そこからダナッド（Dunadd）の地名が生まれた。

　この丘の北と南に広大な泥炭の湿原が広がっている。泥炭とは枯れた草が炭化して堆積したもの。ピート（peat）というほうがわかりやすいだろう。スコッチ・ウイスキーの薫香（スモーキー・フレーバー）の源になっている。その湿原はクリナン・モス（Crinan Moss）と呼ばれ、国立自然保護区に指定されている。野鳥や野生動物の宝庫だ。

こういうロケーションのなかで、出ベソのようにポツンと出っ張っている岩山がダナッドの丘である。もともと紀元前1000年ごろ（青銅器時代末期）から人間が住んでいたが、政治・経済・文化の中心地になったのは、紀元6世紀から11世紀にかけてのこと。現在の北アイルランド北東部から渡ってきたケルト系スコット人がその担い手だった。

スコットランドの歴史的な事実がぼんやりとしている暗黒時代とあって、スコット人の渡来についてもはっきりわかっていない。なので、あくまでも伝承・言い伝えの域を越えないことを重々、踏まえておかねばならない。

それらを総合すると、500年ごろ、アイルランド島の北アントリムにあったダルリアダ王国（Dalriada）の王ファーガス2世（ファーガス・モー・マクエルク）が率いる一団が、海をはさんで北に位置するスコットランドのキンタイア半島をめざして船を繰り出し、上陸後、入植をはじめた。彼らがゲール語を話すスコット人である。

ダルリアダ王国は北アントリムで弱小の王国だったので、周辺の王国や部族から常に脅威にさらされており、その状況から逃れるべく故国をあとにしたといわれている。すでに4世紀にはアイルランドのスコット人の海賊がイギリス本島を荒らしまわっていた。だから、彼らがはじめてスコットランドの土を踏んだわけではない。なにしろ距離が近いので、それ以前からアイルランドのスコット人が頻繁にスコットランドと行き来していた。

ファーガス2世はスコットランド西海岸に母国とおなじ名のダルリアダ王国をきずき、自ら王と称した。しかしそのころ、スコットランドには先住のピクト人が広く定住しており、両者のあいだで攻防が繰り返されたにちがいない。

スコット人は一気にダナッドの丘へ進行したのであろうか。いや、スコットランドに上陸後、すぐにファーガス2世が他界したこと、ピクト人の襲撃がはげしかったであろうことを考えると、いきなりダナッドには到達していなかったのではないか。しばらくキンタイア半島、ローン地方、ジュラ島、アイラ島といった西部の限定されたエリアに閉じ込められていたのではないか。そう思えてならない。

560年ごろ、ファーガス2世の孫ガラン・マクドモンガートが、ピクト人の大王ブルードの裁可を受けずに無断でアーガイルに進出したため、大王の逆鱗にふれ、打ち首に処される事件があったという。絶体絶命のピンチ。ここで聖コロンバ（521〜597年）が登場する。これまでなんども登場してきた御仁である。

アイルランド王家の血を引く聖コロンバは563年、12人の若い修道僧と司祭を伴い、マル島の南西に浮かぶ小さなアイオナ島（Iona）に渡ってきた。そして粗末な修道院を建て、そこを拠点にほとんど異教の地だったスコットランド各地へキリスト教を布教していった。主目的はピクト人のキリスト教への改宗である。ダルリアダ王国はそのキリスト教をバックボーンにして勢力を広めていった。

565年、聖コロンバがピクト人の領土内での布教活動を認めてもらおうと、大王ブルードをインヴァネスの居城に訪ねた。それを機にスコット人のアーガイルでの居留が許され、ダナッドの丘が主邑になったと思われる。つまりこのときはじめてダナッドにスコット人の足跡が記されたことになる。

といっても、スコット人の王族は大王ブルードの陪臣の身であり、ダルリアダ王国といえども、名ばかりで王国と見なされていなかった。しかし打ち首になったガランの息子アエダンが、これまた聖コロンバの計らいによって574年、族長の地位から王の称号を与えられ、この段階でダルリアダ王国が名実ともに成立したことになる。ただし、まだまだピクト王国の傀儡政権のようなものであった。

それにしても聖コロンバは誉れ高い聖職者というより、竹中半兵衛か黒田官兵衛のごとき軍師のような存在だったのではないか。つくづくそう思う。

## ダルリアダ王国のその後

アイルランド島にある本家のダルリアダ王国はその後、衰退の一途をたどった。7世紀前半、国王が近隣の部族に殺され、北アントリムに勢力を伸ばしてきた有力なファー・リー族に領土を奪われた。1170年代にノルマン人がアルスターにやって来たときには、ダルリアダ王国の名は過去の遺物になっていたという。

さて、新天地のスコットランドで新たに誕生したダルリアダ王国は、イギリス本島の他所やヨーロッパ大陸と交易をはかり、潤いを得ていた。コンウォール地方からスズ、フランス・ロワール地方から染料、地中海から工芸品に輝きを与えるための硫黄が入ってきた。高貴な者は大陸からもたらされたガラスの容器でワインを飲み、フランス産のスパイスをかけて肉を味わっていたともいわれる。金属細工、土器、宝石なども多く作られた。

イングランド北東部ノーサンブリアに暮らしていたアングル人の貴族階級とも接触があったが、王国に一番、影響を与えたのはアイオナ島の修道僧たちだった。アイオナ島は、ダナッドの西北西約60キロに位置している。そう遠くはない。

ダナッドとキルマーティンについてはじめて記述されたのは683年、アイオナ島の修道僧によって書かれた『アルスター年代記』である。前述した聖コロンバの奮闘ぶりに象徴されるように、ダルリアダ王国の発展にはキリスト教が欠かせなかった。そう考えると、ダナッドが政治・経済・文化の中心地、アイオナ島が宗教の中心地だったといえよう。

スコットランドとアイルランド島のダルリアダ王国ではおなじゲール語が話され、おなじ文化や政治システムを有していたこともあって、ダナッドは常にアイルランド島と強い結びつきがあった。アイオナ島からキリスト教がスコットランド本土へ伝播されていったように、ダナッドから彼らが使っていたゲール語とオガム文字が広がっていき、のちのちピクト人に大きな影響を与えることになる。

ダナッドは、スコット人が力をつけてきた7世紀以降、周辺のピクト人から攻撃を受けるようになり、そのため少しずつ強固な要塞に変身していった。736年にピクト人に荒らされ、その後、なんども占領されたことがあったようだ。しかし843年、ダルリアダ王国の王ケネス・マカルピンが南部ピクト人の王国フォルトルゥ（Fortriu）を征服し、婚姻関係を巧みに利用してピクト人の王を兼ねた。そしてケネス1世として君臨し、スコット・ピクト連合王国、いわゆるアルバ王国（Alba）が誕生した。それがスコットランド最初の王国、アルピン王朝のはじまりだった。

弱小国が大国を食ってしまった。人口の割合では、スコット人はピクト人のわずか5パーセントほどと考えられていたので、この表現が正しいかもしれない。実態はしかし、婚姻とキリスト教の布教などを絡ませ、少しずつ両者が溶け合っていったように思われる。

その直後、都をダナッドから東へ約140キロ離れたスクーン（Scone）へ、同時に宗教の中心地もアイオナ島からダンケルド（Dunkeld）へ移した。ダンケルドはスクーンの北西約20キロにある。新たな侵入者ヴァイキングの脅威にさらされていたスコットランド西部から、比較的安全な東部の内陸地に国の中枢機能を移転させたのである。

放棄されたダナッドの丘は当然、衰退していき、11世紀ごろには歴史の表舞台から姿を消した。500年ごろから、いやそれ以前から続いてきたアイルランドとの強いコネクションが13世紀には断ち切れ、スコット人はスコットランド人として、べつの〝民族〟として歩んでいくようになった。言語面でも、アイルランドのゲール語とやや異なり、スコットランド・ゲール語として独自に発展していった。そのことが暗黒時代の完全なる終焉を告げていた。

▲足跡の彫られた岩。向こうにキルマーティンの谷が広がる

## ダナッドの丘

丘の上には平べったい岩が横たわっている。亀裂のような幾筋もの線が縦、横、斜めに走っている。大きさはタタミ3畳ほど。しっとりと濡れているその石の表面に手を添えると、指先がかじかむほど冷たくなった。

パッと眼についたのが、足跡を印した穴。そこにいままで降りそそいでいた雨水がたまっている。右足だ。しかも偏平足。ぼくの右足を置いたら、入りきれなかった。随分と小さい。資料を見ると、長さが24センチ、幅が10センチ。道理で収まらないはずだ。

この足型はダルリアダの王族が儀礼のときに使ったものといわれているが、そこに足を入れてなにをしたのか。それにしても、当時の王族たちはかなり小柄だったにちがいない。

内へブリディーズ諸島・アイラ島のフィンラガ

ン（Finlaggan）を拠点に、14世紀はじめから15世紀末にかけて西部海域を治めていた「島々の君主」たちも権力をつぎの支配者に引き継ぐとき、石に彫られた足跡に足を入れ、儀礼に臨んでいたといわれている。そうだとしたら、ダナッドの儀礼の方法をまねたのかもしれない。

よく似た足跡は、キンタイア半島の南端サウス・エンド（South End）にある、廃墟と化した聖コロンバ・チャペルにもある。そのものズバリ、聖コロンバの足跡。ダナッドのそれよりもやや大きいが、それでも小さい。他にもこの手の足型をスコットランド、いやイングランドやウェールズでも見た記憶がある。ひょっとしたら、「遊び心」で作られたものも少なくなかったかもしれない。またアイルランドの巨人オシーンがスコットランドにやって来て、この辺りをぴょんぴょん跳びまわっていたときの名残という逸話も残っている。もっとも、巨人の足がこんな小さいはずはないのだが。

その足跡の左手にイノシシの絵が彫られている。かなり劣化しており、眼を凝らさないとわからない。これは7～8世紀にピクト人が描いたといわれている。あのシンボル・ストーンに彫られたのとおなじようなイノシシのレリーフだ。ピクト人の造形物なら、彼らがこの丘を占領したときに刻んだのであろうと推測してしまうが、じつはそうではなく、スコット人が彫ったのではないかという説もある。

ケルト系の人たちにとって、イノシシはパワーを与えてくれるシンボルそのものだったから、スコット人が創作した可能性も十分ある。イノシシの左上にパイプをくわえたひょうきんな男がうっすらと見える。それは20世紀に良からぬ人物が落書きしたものらしい。その左側にも浅めの足跡が見えている。

こんどは眼を右手に移すと、最初の足跡のさらに右下を走る裂け目のところに、線状の印がつけられていた。オガム文字である。これも判別がつかなくなっている。ここには人名が彫られているようだが、いったいだれなのだろう。8世紀後半のものといわれているので、ダルリアダ王国の住人であるスコット人が残したと考えるのが妥当だ。しかしスコット人の影響を受けたピクト人が書いた可能性もある。


古代から中世初期にかけ、暗黒の記憶をとどめた石の上に立ち、もう一度、キルマーティンの谷を眺めた。しだいに空が明るくなり、視界もよくなってきた。思いっきり空気を吸い込むと、どこからともなく家畜臭が漂ってきた。まわりは牧場なのだから、しかたがない。それを無視し、腕を組んで360度、グルリと一回転した。

この雰囲気、どこかで感じたことがある……。なんだかデジャヴのような錯覚に陥った。

「飛鳥だ！」

大和の奥まった飛鳥（奈良県明日香村）の地にそびえる甘樫丘《あまかしのおか》に立ったときのことを思い出した。甘樫丘は高さが150メートル。ダナッドの丘よりも3倍も高く、樹々がこんもりと生い茂っている。大和三山と共存し、日本家屋が散らばる飛鳥の景観は、泥炭地と牧場が広がるキルマーティンの谷とは見た眼がかなり異なる。

けれども風情と立ち込める空気がひじょうによく似ている。飛鳥も日本の都だったから、そう感じたのだろうか……。おそらくキルマーティンも飛鳥も、人を惹きつける特殊なパワーが内在しており、それゆえ政治の中枢地として歴史にその名を刻んでいったのであろう。

ダナッドの丘を下り、A816号線に出て、さらに南へ歩いていった。振り返ると、丘が来たときよりもはるかに大きく見えた。気がつくと、ブリジェンド（Bridgend）の村に来ていた。静まり返っている。音がしない。異常な静けさだ。そんななか、「ダルリアダ・スペース（Dalriada Space）」と書かれた表示板が網膜に強く焼きついた。ダルリアダ……。あゝ、この言葉にたまらなくロマンを感じてしまう。

## スクーンの「運命の石」

ダルリアダ王国を語るにあたって、欠かせないモノがある。それは「運命の石」。この王国がピクトの国を併合し、843年にアルバ王国（アルピン王朝）としての新たな一歩を踏み出してまもなく、脅威となりつつあったヴァイキングから逃れるため、846年、初代の王ケネス1世（ケネス・マカルピン）が西部アーガイル地方のダナッドからスコットランドのほぼ中央に位置するスクーン（Scone）に遷都したことはすでに記した。そのとき、「運命の石」も一緒にスクーンに運ばれ、以降、歴代のスコットランド王が戴冠したときに使われたといわれている。

その「運命の石」がスクーン宮殿に置かれている。宮殿は13～15世紀にスコットランド王国の首都として栄えたパース（Perth）の北東約4キロにある。現在、イングランドの貴族マンスフィー

▲ポツンと置かれた「運命の石」

ルド伯爵家の邸宅になっている。

赤っぽいゴージャスな宮殿の向かいにポツンと小さな石の家屋が建っている。それがスクーン・アベイ（大寺院）。アベイにしてはかなりこぢんまりしている。その前の芝地に「運命の石」がある。平べったい直方体の灰色の砂岩で、ふたつの四角いブロックの上に乗っている。縦42・5センチ、横66センチ、厚さ27センチ、重さ152キロ。真んなかが窪んでおり、その両端に鉄の輪っかが埋め込まれている。

じつはこれ、レプリカ。本物はエディンバラ城の王宮にあり、ガラスケースのなかに厳重に保管されている。

レプリカの石があるところに、かつて本物の「運命の石」が置かれていたと思っていたが、そうではなかった。もともと置かれてあった場所はここから西へ約3キロ離れた地点なのだ。そこが本来のスクーンであり、古都であった。通称、オールド・スクーン（Old Scone）の名でとおっている。

オールド・スクーンには王の居宅、修道院、教会、議会場などが建てられ、その中央のムート・ヒル（Moot hill）と呼ばれる小高い丘に「運命の石」が安置されていたという。シェークスピアの悲劇『マクベス』にも、ダンカン王を殺害したマクベスが戴冠した場としてスクーンの名が記述されているが、それはオールド・スクーンのことだ。

19世紀はじめ、マンスフィールド伯爵家がこの宮殿を増築したのに伴い、オールド・スクーンの住人をこちらの「ニュー・スクーン」に移住させたことから、いにしえの都は完全に放棄された。もっとも１０６０年に都を南方のダンファームリン（Dunfermline）に移した時点で、オールド・スクーンは政治的な機能を失っていた。今日では当地に砦の門とマーキャット・クロスという背の高い十字架が丘に屹立しているだけで、ほとんど往時の面影が残っていない。

スコットランド国王が戴冠するとき、常に「運命の石」とともにあった。だから「戴冠の石」とも呼ばれており、スコットランドにとってはかけがえのないモノだった。それが１２９６年、スコットランドに侵略してきたイングランド国王エドワード1世（１２３９〜１３０７年）によってロンドンに持ち去られ、ウエストミンスター寺院に置かれた。イングランド国王も戴冠時にその石を使っていたというのだから、よほどパワーがあるものとみえる。

「スクーンの石」は、スコットランド人の心の拠りどころとあって、イングランドに略奪されたままではどうにも気が収まらない。そう思ったスコットランドの若き愛国主義者たちが1951年にウエストミンスター寺院からこの石を盗み出すという事件が起きた。発見された場所がスクーンではなく、アンガス地方のアーブロース修道院跡だった。そこはすでに触れたように、1320年にスコットランドの独立を謳った「アーブロース宣言」が記されたゆかりのある地である。

石はすぐさまロンドンに戻されたが、「運命の石」の返還を求めるスコットランドの世論が盛り上がってきた1996年、事態を沈静化すべく700年ぶりにスコットランドに返還された。その移設先がまたまたスクーンではなく、エディンバラだった。首都なので、当然かもしれないが、どうも腑に落ちない。

## アイルランドの「運命の石」

「運命の石」は、じつはもともとスコットランドにあったのではなく、アイルランド島からもたらされたのではないかという説がある。首都ダブリンの北西36キロにある「タラの丘」（標高154メートル）で、3世紀以降、群雄割拠していた王（族長）たちのなかの王、ハイ・キング（上王）が戴冠するときに「運命の石」が使われていたというのだ。

その石はゲール語でリア・ファール（Lia Fail）と呼ばれ、文字どおり「運命の石」のこと。現在、タラの丘に屹立している立石がそうだ。高さ1メートルほどで、形状はヒンドゥー教のシヴァ・リンガにそっくり。当時、タラの丘にあった王宮のなかに安置されており、ハイ・キングにふさわしい人物なら、石が雄叫びを上げ、そうでなければ沈黙を保ったといわれている。

▲タラの丘に屹立する「運命の石」

アイルランドの国造りを記した『アイルランド来寇の書』（11世紀）によると、魔術を使いこなす種族トゥアタ・デー・ダナン（女神ダーナの民＝ダーナ神族）が「運命の石」を持ってきたのだという。彼らは眼に見えない、超自然のパワーを発揮する神々の集団である。ダーナ神族のリーダーで大地と豊穣の神ダグダ、戦いの神ヌァダ、太陽神ルー、海神マナナーン・マクリールなど、いわゆる「ケルト神話」と呼ばれる説話群のキーパーソンが名を連ねている。そして彼らのあとに来たミレーの一族が今日のアイルランド人の祖先に当たるということになっている。

その「運命の石」を、500年ごろスコットランド西海岸に渡ってきたスコット人のファーガス・モー・マクエルクが一緒に持ってきたらしい。それがダルリアダ王国の都ダナッドで使われ、のちにスクーンに移されたのだと。ならば、アイルランドから「運命の石」が消失したことになる。

▲アイラ島にあるフィンラガンの遺跡

それ以降もタラの丘でハイ・キングの戴冠がおこなわれていたので、代用品を使ったのであろうか。しかしどう考えてもおかしいのは石の形だ。スコットランドの「運命の石」は直方体なのに、アイルランドのほうは石柱。まったく形が異なる。

「運命の石」はタラの丘ではなく、アイルランドのダルリアダ王国にあったものかもしれない。それなら納得できる。いや、この石はスコットランドやアイルランドとは関係なく、元来、聖地パレスチナにあって、聖ヤコブが頭に乗せてヨーロッパ（スペイン？）に運んできて、紆余曲折の末、アイルランドにもたらされたというひじょうに魅力的なエピソードもある。

この手の話は真実に迫ろうとすればするほどわけがわからなくなる。内ヘブリディーズ諸島のアイラ島にあるフィンラガン遺跡のどこかに本物の「スクーンの石」があるともいわれている。だとすれば、エディンバラ城で保存されている「運命の石」はニセモノなのだろうか。暗黒時代に由来するものは、なんと謎めいていることか！

# Ⅳ　ケルト教会

## 南のキリスト教

### 前キリスト教時代、クルーティの井戸

複数の民族が混在し、抗争に明け暮れ、どうにも血の匂いをイメージする暗黒時代だが、そんななか、ほのかな灯がともった。キリスト教の伝来である。それはピクト人のシンボル・ストーンに新たな彩を添え、スコット人のダルリアダ王国の発展に欠かせないものとなった。キリスト教が広まらなければ、アイルランドと同様、スコットランドでも「ケルト」がかくも華麗に花開かなかったと思われる。

まず、キリスト教が伝えられる以前、スコットランドではどんな信仰が人々の心をつかんでいたのだろうか。それを眼に見える形でわかりやすく示してくれるところがある。その場所とはマンロッキー（Manlochy）の「聖なる井戸」。マンロッキーはハイランドの中心地インヴァネスの北方約10キロに位置し、インヴァネスの対岸に伸びる半島ブラック・アイルの南岸にある小さな集落である。

井戸は、集落の北側に広がる山のなかに潜んでいる。現地では、「ケルティック・サイト（ケルトの地）」でとおっている。バス停から10分ほどで坂道を登りきり、平地をさらにまっすぐ進むと、

▲林のなかはおびただしい数の布切れが吊るされている

▲神秘的な雰囲気をかもし出す「クルーティの井戸」

▲アイルランド西海岸にある「聖ブリジッドの泉」

バイパス道が走っている。A832号線だ。そこを左（西）へ折れ、5分ほど歩いていくと、「クルーティの井戸（Clootie Well）」という表示が見えてくる。

林のなかへ足を踏み入れた。やや肌寒い曇り空だが、それとはべつに冷気のようなものを感じた。ゾクッとする。道順に沿って、どんどん奥に向かった。すると、木の枝に数え切れないほどの布切れが吊るされている。白、黄、赤、緑……。ハンカチやスカーフもある。なかには大きなシーツも。白昼なのに、かなり不気味だ。カラスの鳴き声が聞こえてくる。地面が湿っているのがどうも気がかりである。

途中から石段があり、それを伝って小高い丘に達し、その下を見ると、井戸があった。いや、井戸というより泉と言うほうがいい。水がこんこんと湧き出て、そこから小川が流れている。井戸は大きな穴のなかにある。暗い。恐怖心から手を浸す勇気はなかった。

じつは布切れを眼にしたときから、「あゝ、よく似た光景だ」とずっと思っていた。それはアイルランド西部、モハーの断崖近くにある「聖ブリジッドの泉（St.Brigid's Well）」、イングランド南西部コンウォールの「メイドロンの井戸（Madron Well）」など、いわゆる「聖なる泉」「聖なる井戸」とおなじ空気を宿していたからだ。シチュエーションもたたずまいもそっくり。布切れや供え物がなければ、フランス中西部ブルゴーニュの女神セクアナ像が横たわる「セーヌ川の水源」もそうだった。


この井戸は、キリスト教が伝わる以前、ピクト人が主に健康維持、病気快癒のために祈願していたところだといわれている。ケルト系の人たちは自然のあらゆるものに神や精霊が宿っていると考えていたが、とりわけ水に関わる場所が重要視されていた。それらの信仰を総称してドルイド教（Druidism）と呼ばれることもある。それは彼らの宗教全般をさす。

豊富な知識と叡智を持ちそなえていた神官ドルイドはひと際パワフルな存在で、部族内のすべてのことを取り仕切っていた。ガリア（フランスとベルギー）とブリタニア（イギリス本島）でのドルイドの活動をローマ人が目撃している。あのカエサル（ジュリアス・シーザー）もそのひとりである。

イギリス本島ではしかし、ウェールズのアングルシー島（Anglesey）やイングランド南部にかぎってのことで、スコットランドにドルイドが存在していた確証は得られていない。とはいえ、ケルト系の人たちが暮らしていた他所とおなじように、スコットランドでも自然を崇拝する教えが広まっていたのはまちがいない。

井戸の名「クルーティ」とは、スコットランド方言で「布切れ」のこと。木の枝に吊るされたそれらは、病気そのものであり、聖なる水の近くに残しておくことで、やがて朽ち果ててしまい、病気自体が治ってくる、そんなふうに考えられていたようである。だから布切れは精霊への貢物であるのかもしれない。

キリスト教が普及してからは、この井戸は聖ボニフェイス（クリタン）と結びついた。7世紀はじめ、東スコットランドで布教活動したピクト人の修道僧である。しかしそれでも基本的には異教的な場であり続けた。宗教改革（1560年以降）のあと、スコットランド議会が定めた法律（1581年）によって、「クルーティの井戸」のごとき妖しい「ケルト」的な匂いを放つ地への巡礼が禁じられたが、民間信仰を断ち切ることはできなかったという。

アイルランドの聖ブリジッドの泉では、「母親が元気になりますように」という病気回復の祈願文だけでなく、「家出した息子が帰ってきますように」とか「彼女の心を射止められますように」とか、俗世のいろんな願い事の文言が添えられていたが、ここではそういう文字は見当たらない。カトリックの地であるアイルランドと、プロテスタントが圧倒的に多いスコットランドとの差がこういうところにも如実に出ているような気がする。

スコットランドでは、プロテスタントのなかでも頑なに聖書主義を唱える長老派教会（プレスビテリアン）が国教になったことで、曖昧模糊ともいえる「ケルト」的なものがかなりそぎ落とされ、排除された。アイルランドとスコットランド。ともに「ケルト」の国と言われているが、両者には厳然と温度差がある。

とはいえ、スコットランドで「ケルト」的なものが一掃されたわけではない。この井戸も、キリスト教とは関係なく、いまなお信仰の対象になっている。ベルティナ（Beltane）の祝祭日（5月1日）には、「聖なる水」のパワーが一番強まるといわれ、各地から多くの人たちがやって来るそうだ。

井戸を去るとき、説明版に眼がとまった。そこには願い事をする方法が記されていた。

「まず3度、井戸の周囲をまわり、そのあと太陽とおなじように東から西へと歩く。次に聖なる水を地面にかけ、静かに祈る。そして帰り際、布切れを枝に吊るす」

最後の説明文には笑わされた。

「ケルトの精霊は、ナイロン、ポリエステル、プラスティックを受け取ったら、どうしていいのか困ってしまいます」

## 聖地ウィッソーン

スコットランドにキリスト教が最初に伝わったといわれる場所、それは最南端に位置するウィッソーン（Whithorn）である。いわゆるケルト教会と呼ばれる初期キリスト教の聖地。エディンバラとグラスゴーを結ぶ線より南側のローランド（Lowland）の風情はハイランドとはかなり異なり、イングランドとよく似ている。南下するほど、景色がまろやかになる。マーカーズ（The Machars）と呼ばれるアイリッシュ海に伸びる半島はひじょうに牧歌的な風情が漂っている。そんななかにウィッソーンの町がたたずんでいる。

真っ直ぐ伸びる目抜き通りのハイストリートの両側に2階建ての家屋が秩序だって立ち並んでいる。どことなく街道の宿場町のような感じ。人口は約９００人。けだるい空気が立ち込め、刺激のない典型的な田舎町だが、暗黒時代には、西部のアイオナ島、東部のセント・アンドリューズに匹敵するスコットランド屈指の巡礼地だった。

通りのほぼ中央に建つウィッソーン・トラスト・ビジター・センターがかつての栄華をいまに伝えている。その建物の裏手に中世の修道院跡と石の芸術品を集めたウィッソーン修道院博物館があり、さらにセンターのなかにも展示場が併設されている。これらを巡ってみることにしよう。

さっそく修道院跡に足を向けた。センターを出て大通りを右に進み、アーチ状の通路になっているところを右手へ、その突き当たりに門があった。門柱には、「聖ニニアンの修道院跡、教区教会、スコットランド教会」と記された表示板が掲げられていた。聖ニニアン（St.Ninian）についてはあとで詳しく述べるが、この地を拠点にキリスト教を広めた聖人である。現在、ここはプロテスタントの長老派によって管理されている。

門を入ると、眼に鮮やかな芝が敷き詰められた小高い丘が迫ってくる。そこに墓石がいくつも

▲聖ニニアンの修道院跡。往時の面影はない

立ち並んでいる。左手には屋根のない教会跡、真正面には現在、使われている白い教会が建っている。そして右手は、ちょっぴり不気味なムードをかもし出す大聖堂の伽藍跡。眼前にたたずむ朽ちた建物群は、12世紀に建てられた修道院の跡である。大聖堂は、ときのスコットランド国王デヴィッド1世（1080～1153年）のために建立されたロマネスク様式の荘厳なものだった。

では、聖ニニアンの修道院はどこに？　それが皆目、見当がつかないのである。その跡地に中世の修道院が建てられたからだ。聖人がここに建てたのはまことに簡素な教会だったが、白い建物だったので、まばゆく輝いていたらしい。それゆえ、「白い家（Candida Casa）」と呼ばれた。つまり「ホワイト・ハウス」。それがウィッソーン（Whithorn）の名の由来になった。

説明板には、500年ごろにその教会が造られたと書かれていたが、他の史料には、397年とはっきり年代が記されている。なんと100年以上もの隔たりがある。つまりブリトン人のストラスクライド王国がきずかれて100年ほど経ったころか、あるいは建国直前のころか。はて、どちらが正しいのか……。場所的にはストラスクライド王国の南にあったレゲド王国に属していたことになるが、その辺りがよくわかっていない。そもそもこの聖人のプロフィールが混沌としている。

## 聖ニニアン

聖ニニアンはケルト系のブリトン人で、スコットランドの南西部で生を授かったらしい。場所は特定されていないが、ウィッソーンからそれほど離れていないと思われる。そう言えば、アイルランドにキリスト教を広く伝えた聖パトリック（387?～461年）も、ここからそう遠くはないギャロウェイ（Galloway）か、あるいは少し南のイングランド北端のカンブリア地方（Cumbria）で生まれ育ったブリトン人だったといわれている。

ニニアンはローマで10年間、キリスト教の教理を学んだ。そのときフランス・トゥールーズ出身の著名な修道僧、聖マルタン（マーティン）からいろいろ教えを乞い、帰国後、この聖人にささげた教会をウィッソーンに建てようとした。そのことを知った聖マルタンがローマ風の建材を送った。それが白い漆喰を使ったものだったので、白っぽい教会になったという。前述した「白い家」である。死亡した年が432年とも、550年ともいわれている。

スコットランドにキリスト教を布教した聖人といえば、アイオナ島を拠点にした聖コロンバ（5

21～597年）を真っ先に思い浮かべる。彼こそがスコットランドにはじめてキリスト教をもたらした聖職者と思っている人が多いのではないだろうか。アイオナ島に修道院が建てられたのは563年なので、聖ニニアンのほうが少なくとも60年ほど早い。397年説をとると、166年前ということになる。

聖コロンバと聖ニニアンの関係は、アイルランドにおける聖パトリックと聖デクラン（生死年が不詳）の関係とよく似ている。聖パトリックがアイルランドにキリスト教を伝えたのは432年のことで、聖デクランが南東部のアードモアに修道院を建てた416年より16年遅かった。つまり聖デクランのほうがアイルランドで早くから布教活動をしていたのである。しかしアードモア一帯に限局されていたので、それほど後世に名が残らなかった。

聖ニニアンは主にブリトン人と南ピクト人の領土、聖コロンバは北ピクトの領土で布教に尽力した。ともに土着の信仰と融合した、ローマ・カトリックとはかなりかけ離れたキリスト教を信仰していた。アイルランド島やイギリス諸島で広まったこの初期キリスト教は、俗にケルト教会と呼ばれる。ケルト教会についてはあとで詳しく述べる。

厳密には、聖ニニアンと聖コロンバが広めたケルト教会は異なっていたと思う。ニニアンは、生誕地や布教地と地理的に近かったイングランド北部のゲルマン系アングル人が建てたノーサンブリア王国で信奉されていたカトリックの影響が強かったにちがいない。一方、コロンバは、ケルト教会の祖ともいえるアイルランドの聖パトリック直伝の教えを広めていた。今日、ケルト教会といえば、後者をさすが、聖ニニアンはブリトン人、聖コロンバはスコット人（ゲール人）で、言語はちがえどもおなじケルト系ということで、ふたりが布教したキリスト教は一括してケルト教会と呼んでも差支えないと思う。

スコットランドがひとつの国家として形成される過程を考えると、聖コロンバの布教のほうがはるかに重要な意味を持っていた。しかし聖ニニアンも、聖コロンバには及ばないものの、多くのブリトン人とスコットランドに大きな勢力を保っていたピクト人の一部を改宗させたのだから、功績はある。そのことを、のちにアングル人の聖ベーダ（St.Bede）が『イングランドの教会と民衆の歴史』（731年）という読み物のなかで紹介している。

ウィッソーンは8世紀、ノーサンブリア王国の領土となり、その後、ヴァイキングにも支配されたが、幸運にも町と修道院の破壊は免れた。その間、巡礼は絶え間なく続いた。しかし宗教改革の嵐によって、1581年に巡礼が禁止され、ウィッソーンの役割は終わった。

## ラティナス・ストーン

修道院跡をじっくり見物してから、門の手前にあるウィッソーン修道院博物館を見てまわった。そこには十字架をあしらった石柱が数え切れないほど展示されていた。円環と十字架をミックスさせたケルト十字架、マン島に多いヴァイキング様式の十字架などなど。柱の部分にはどれも組みひもや文様や螺旋がびっしり彫り刻まれている。聖ニニアンの時代のものが多い。

そのなかでひときわ眼を引きつけたのがラティナス・ストーン（Latinas Stone）である。高さ

1メートルほどの直方体の石柱だが、上部の右側が欠けている。大きな円のなかに4枚のプロペラのような模様が彫られている。支柱があるので、変形の十字架のようだ。表面にラテン語でなにやら書かれている。説明パネルを読むと、こう訳されていた。

「神よ、私たちはあなたを称賛します。バルラヴァドスの子孫、35歳のラティナスと4歳の娘がこの石碑を立てた」

ラティナスという名はローマ風だが、この人物の先祖バルラヴァドスは地元のブリトン人の首領だという。神というのはキリスト教の神のこと。年代は450年ごろ。当時、この辺りのブリトン人がキリスト教化されていたことが碑文からうかがえる。

そしてラティナスという人物こそが、記録上、スコットランドにおける最初のキリスト教徒だといわれている。なにしろ、ラティナス・ストーンそのものがスコットランド最古のキリスト教のモニュメントと見なされているのだから。

▲スコットランドで最古のキリスト教文化を伝えるラティナス・ストーン

450年という時期は、聖ニニアンによる布教活動がはじまる前だったのか後だったのかは不明だ。しかしよくよく考えると、ローマ軍がイギリス本島から撤退する410年ごろまでに、聖職者によってではなく、ローマの兵士、商人、役人らによってすでにスコットランド南部にキリスト教が伝えられていたのではないかと思われる。

キリスト教はローマ帝国内で392年に国教として認められており、イギリス本島にキリスト教をもたらしたのもローマ人である。ローマに対して友好的なケルト系部族が既存の土着信仰を守りながら、新たなキリスト教にも心を開いていったと考えてもおかしくはないだろう。

ラティナス・ストーンは、現在の教会が建っている丘の上に広がっていた墓地にあったという。それが中世に大聖堂の建材として使われていたが、1890年、朽ち果てていた大聖堂から発見された。長い間、建材だったというのが信じられない。

歴史的に重要なその石を見入っていると、若い男の学芸員が近づいてきて、興味あるのですかと訊いてきた。イエス、大いに興味がある。そう答えてから、「聖ニニアンの空気にもっと浸りたい」と伝えたら、学芸員は即座にアドバイスしてくれた。

「聖ニニアンの洞窟に行けばいいですよ」

## 聖ニニアンの洞窟

この言葉に触発され、洞窟をめざした。ウィッソーンから南南西に約5キロの海辺にある。ビジター・センターで呼んでくれたタクシーでフィスギル（Phisgill）というところまで行き、そこから海に向かって歩き出した。すぐに小川が流れるうっそうとした森に覆われ、深山に踏み込んだ

▲潮風が吹きつける聖ニニアンの洞窟

ような錯覚に陥った。
10分ほどすると森を抜け、70メートルほど先にアイリッシュ海が忽然と見えた。引きつけられるように海のほうへ足早に向かった。海岸は砂浜ではなく、丸い石ばかり。やや左のほうにマン島(Isle of Man)、右手にリンス半島(The Rhins)が望める。
右手の海岸が切れるところがバロウ・ヘッド(Burrow Head)という岬。そこにぽっかりと穴が空いているのが見える。それが聖ニニアンの洞窟だ。間口は約5メートル、奥行きは10メートルほど、高さは4〜5メートル。ごく普通の洞窟だが、独特な冷気が宿っている。そのなかには木の枝を組み合わせた簡素な十字架があちこちに取り付けられており、十字架を彫った石も見受けられる。壁面にも十字架がいくつも彫られている。とにかく十字架だらけ。
聖ニニアンは時々、ここに来て、瞑想にふけったり、修行を積んだり、聖書を読んだりしていたという。聖人の死後、ここも巡礼地となった。ケルト教会の修道僧は、厳しい環境のなかに身を置き、神の教えを体得していった。この洞窟もそういう場にはうってつけのところである。1950年代まで、洞窟のなかに石の十字架がいくつもあったが、すべて先ほどの博物館に移された。

当時、ウィッソーンに巡礼に来た人たちは、陸路よりもむしろ船を利用した人が多かったという。彼らが上陸したところが港町のアイル・オヴ・ウィッソーン（Isle of Whithorn）である。そこからこの洞窟に立ち寄り、修道院に向かった。アイル・オヴ・ウィッソーンは洞窟の東約5キロにある。

## アイル・オヴ・ウィッソーン

アイリッシュ海に面するアイル・オヴ・ウィッソーンは、住民が400人ほどのコミューン（共同体）である。宿屋が2軒、パブが1軒。湾曲した堤防沿いに白、ピンク、ベージュなどカラフルな色を塗った壁のかわいい家屋が立ち並んでいる。鏡のように静かな港にはヨットやレジャーボートが数隻、停泊しているが、漁船が見当たらない。漁業は廃れてしまったのだろうか。

35キロ沖にマン島が浮かんでいる。ひときわ高い峰がスネフェル山（標高621メートル）。素直に感動してしまう。モノトーンの島そのものが、マン島を守護する海神マナナーン・マクリールのように見えてくる。

▲アイル·オヴ·ウィッソーンののどかな波止場

アイル・オヴ・ウィッソーン（ウィッソーン島）と名づけられているように、もともと島だったが、砂州で本土とつながった。北緯53・7度。ローランドの南端だ。東方にあるイングランドのカーライル（Carlisle）や東海岸のニューカースル・アポン・タイン（Newcastle upon Tyne）よりも南に位置している。スコットランドの最南端は西方のリンス半島の先端マル・オヴ・ギャロウェイ（Mull of Galloway）である。

堤防沿いに岬のほうへ歩を進めた。アイリッシュ海が迫ってくる。無断で牧場の柵を開け、のんびりと牧草を食んでいる牛たちを横目で見ながら、乾燥した草地に足を踏み入れた。牛が近づいてこないことを願い、糞を避けながら、そろりそろりと歩を進めていくと、聖ニニアンのチャペルに達した。屋根がなく、廃屋丸出し。その情景がたまらなく侘しさをかもし出している。

チャペルは聖ニニアンが活動していた時代より

▲海辺に建つ聖ニニアンのチャペル跡

もずっとあとの1300年ごろに再建されたものだ。こんな海辺にチャペルというのもまことに奇妙だが、航路で来た信者がこの岬で下船し、チャペルで航海の無事を感謝してから、聖ニニアンの洞窟を経て、ウィッソーンへ向かったのだという。往時にはきっと巡礼者たちでにぎわっていたのだろう。

この辺り、スコットランドらしさがあまり感じられない。しかし眼に飛び込んできたのは紫色のアザミの花だった。それが岬一面に咲き誇っている。スコットランドの国花だ！

## シェットランドの聖ニニアン島

スコットランドの南端にある聖地ウィッソーンから北へ640キロ離れた最北の島、シェットランド諸島にも聖ニニアンの名を冠した小島がある。そのものズバリ、聖ニニアン島（St.Ninian's Isle）。メインランド島の西海岸、ラーウィックの南南西約22キロに浮かんでいる。いや、長さ約７００メートルの砂州でメインランド島とつながっているので、浮かんでいるという表現はおかしいかもしれない。

　西海岸が見渡せるビッグトン（Bigton）という集落に来ると、緑に覆われた島が砂浜の向こうに望める。もちろん歩いて渡れる。片道で10分ほど。こんもりとした島の丘に駆け上っていくと、少し窪んだ芝地のなかに遺跡が悄然とたたずんでいた。長方形の石垣が残っており、真んなかに小さな四角柱の石が立っている。形状と規模からして、チャペルの跡だとわかる。

　12世紀のものだが、7世紀に建てられた礼拝堂の上にきずかれた。7世紀といえば、初期キリスト教、いわゆるケルト教会の時代である。シェットランド諸島にはその時期にキリスト教が伝わった。壁にある鉄格子のなかに、当時のチャペルの壁が残っている。

　１９５８年の考古学調査で、「ピクトの宝物」として知られる28個の銀のオブジェが発見された。精緻きわまる装飾を施したブローチや腕輪、お椀など。渦巻き文様がうごめき、「ケルト」らしさが湧き上がっている。７８０年ごろのものらしい。盗難を防ぐため、隠されていたようだ。よほど裕福な家族のものだったのだろう。それらはエディンバラの国立スコットランド博物館に収蔵されている。ラーウィックのシェットランド博物館にも展示されているが、それらはすべてレプリカである。

　チャペルの跡に5体の乳児が埋葬されていた。東西方向に寝かせられ、十字架を刻んだ石も見つかった。この埋葬は明らかにキリスト教の様式を取り入れたもので、どうやらこの島がシェットランド諸島において最初のキリスト教の地だと推定されている。

▲蕭然とした聖ニニアン島のチャペルの跡

▲聖ニニアン島で見つかった「ピクトの宝物」〈シェットランド博物館〉

5〜6世紀、スコットランド南部でキリスト教を布教した聖ニニアンがこんな北のシェットランド諸島まで来るはずがないし、また足を伸ばす意味もなかったと思う。7世紀に建てられた最初の礼拝堂はこの聖人と関係はないが、12世紀のチャペルは聖ニニアンにささげられたものだという。しかし聖人がシェットランド諸島まで渡ってきた証しはない。おそらく南部のウィッソーンで広まっていた聖ニニアン信仰が、はるか彼方のこの地にまで伝播したということなのだろう。

シェットランド諸島における他のキリスト教の地として、ウエスト・バッラ（West Burra）島にあるパピル（Papil）が有名だ。ラーウィックの南西約10キロの島。そこで5人の修道僧（うちひとりが馬に乗っている）が、左端の十字架に引き寄せられるようにして巡礼している様を描いた石のレリーフが見つかっている。またキリスト教と異教の世界を融合させたシンボル・ストーンも出土している。いずれも700年ごろのものだ。

## 北のキリスト教

### 聖コロンバのアイオナ島

ウィッソーンの聖ニニアンについて深く言及してきたが、スコットランドにおけるキリスト教布教の立役者、聖コロンバ（St.Columba）とアイオナ島（Iona）に触れないわけにはいかない。

こんどは西部海域の内へブリディーズ諸島（Inner Hebrides）に眼を転じてみよう。

大小さまざまな島がギザギザの海岸線につかず離れずに点在している。そのなかでスカイ島（Isle of Skye）についで大きな島がマル島（Isle of Mull）である。アイオナ島はそのマル島の最西端、フェリー発着所のあるフィオンフォート（Fionnphort）の対岸に横たわっている。南北5・6キロ、東西2・4キロ、米粒を少し変形させた平たんな島。現在（2012年）、島民は125人。

キリスト教が伝わる以前、ドルイド教が信仰され、「ドルイドの島」と呼ばれていたらしいが、あくまでも言い伝えであり、その確証はない。そのころはおそらくピクト人が定住していたと思われる。のちに「コロンバの島」として知られるようになった。ゲール語ではI Chaluim Cille（イ・コルムキル）。コルムキルは聖コロンバのこと。単に「イ」（英語のTheのような意味）というシンプルな名がつけられたこともある。その後、「イチイの木の島」という意味のIoua（イオウア）から現在のIona（アイオナ）に転訛したといわれている。

島の名前にもなった聖コロンバが、なんの変哲もない辺境の小島に渡り、そこが西欧キリスト教国のなかでひときわ注目される聖地になった。いまやアイオナ島はスコットランドの一大観光地である。

聖コロンバについては史料があるので、どういう人物だったのかは比較的よくわかっている。数ある伝承を加味すると、だいたいこんな一生を送った。

521年、アイルランド北西部ドネゴールのオニール家に生まれた。ドネゴール州のガルタン

▲聖コロンバが布教の拠点にしたアイオナ島

▲聖コロンバの生誕地ガルタンに立つケルト十字架（アイルランド・ドネゴール州）

（Gartan）に生誕地を示す巨大なケルト十字架がそびえており、その近くのガルタン湖畔に聖人のすべてを解説するコルムキル・ヘリテージ・センターがある。

オニール家はアイルランドのハイ・キング（上王）であるタラの王家と親戚関係を保つ高貴な家柄で、祖父がドネゴール国王、祖母がダルリアダ国王のいとこという血筋。まさにやんごとなき御仁だった。ゲール語のコルムキル（Chaluim Cille）は「教会のハト」を意味する。物心ついたときから、キリスト教による帝王教育を受け、あらゆる学問に精通し、スポーツ万能で、勇猛な騎士でもあったという。

2度、ハイ・キングに就くよう勧められたが、修道僧の道を歩み、デリー（ロンドンデリー）やダローなど各地に修道院を建造しながら、布教の旅を続けた。ところが40歳のとき、自らまいた種が原因で宗教的な抗争が起こり、おびただしい血が流れたという。そのことが彼をしてアイルランドを去らせ、スコットランドで修行と布教に励む決意をさせたらしい。すでに北アイルランドのダルリアダ王国からスコットランドに渡った同胞のスコット人によっておなじ名のダルリアダ王国がきずかれており、親戚もいたから、行きやすかったのだろう。

563年5月、かつて自身が学んだクロナード修道院の12人の若い僧と司祭をともなってアイルランド北部アルスター地方から出航した。コロンバ42歳のとき。舳先を北に向け、故国が見えなくなるところまで航行し、到達したのがアイオナ島だった。そこはかつていとこの聖オーランが修行していたところだといわれている。ということは、聖コロンバがアイオナ島に上陸した最初のキリスト教徒ではなかったことになる。

先住のピクト人との関係がどうなっていたのかはよくわからないが、一行はさっそく土と石で囲いを作り、そのなかに粗末な修道院と僧房を建てた。そしてこの島を拠点にまずヘブリディーズ諸島を巡り、さらには異教徒だったピクト人の中枢ともいえるハイランド東部にまで足を伸ばし、キリスト教を広めていった。前述したように、それがダルリアダ王国の発展に大きく寄与し、やがてスコットランド統一への布石となった。34年間、布教と修行に勤しんだ聖コロンバは597年、アイオナ島で永眠した。

その後、聖人の遺志を引き継いだ弟子たちによって、南部のウィッソーンともども、島はキリスト教文化の中核として機能した。8世紀半ば、ケルト美術の集大成ともいわれる福音書の装飾写本『ケルズの書』の制作もこの島ではじまった。

ところが795年、忽然と海から現れたヴァイキングが修道院を破壊し、修道僧や島民を殺害し、略奪のかぎりを尽くした。以降、なんども襲撃に遭った。806年の来寇では68人の修道僧が殺され、986年には修道院長と15人の修道僧が虐殺された。

こんな危険な場所では修行に励むことができない。修道僧たちはアイルランド島やダンケルドなど各地に散らばった。制作途中の『ケルズの書』もアイルランド島へ運ばれ、ケルズ修道院で完成した。現在、その装飾写本はダブリンのトリニティー・カレッジ博物館で展示されている。

このようにアイオナ島はすっかり荒廃したが、ヴァイキングの勢力が衰退しはじめた11世紀ごろから徐々に復興がはじまった。13世紀には敬虔なキリスト教徒のスコットランド王国のマーガレット王妃（1261～83年）の手で新しい修道院が建造された。しかし16世紀の宗教改革でプロテスタント信者によってすべての建物が焼き払われた。その後、長らく放置されていたが、19世紀から修復作業がスタート。1937年、アイオナ・コミュニティが設立され、本格的に再建がおこなわれ、今日の姿になった。現在、ナショナル・トラストの管理下に置かれている。

## 異質なケルト教会

花コウ岩でできた荘厳な修道院、12世紀の女子修道院跡、見事なケルト十字架の聖マシューズ・クロスと聖ジョン・クロス（ともにレプリカ）……。アイオナ島には見るべきものがいくつもある。「オーランの遺所」と呼ばれる墓地には、マクベスに殺されたダンカン王（1001～1040年）ら48人のスコットランド国王をはじめ、4人のアイルランド国王、フランス国王とノーサンブリア国王がひとりずつ、8人のノルウェー国王が眠っているといわれている。

アイオナ島には厳粛な空気が漂い、聖地であることは十分、体感できる。ただ残念なのは、聖コロンバが存命していたころの面影がまったく感じられないのである。ヴァイキングの脅威と宗教改革の嵐で根こそぎ破壊されたのだから、仕方のないことだが、そもそも聖コロンバが信仰していたキリスト教と今日のキリスト教はかなり性格を異にしていた。

聖コロンバはローマ・カトリックではなく、ケルト教会の修道僧だった。ケルト教会という言葉が本書で随所に登場しているが、ひと言でいえば、アイルランド島で熟成し、そこから芽吹いたキリスト教の一派である。ケルト教会が生まれた経緯は以下のとおりである。

432年、ブリトン人といわれる聖パトリックがアイルランド島でキリスト教の布教をはじめたとき、国内には異教のドルイド教が信仰されていた。パトリックはそれを巧みに取り込み、ひとりの殉教者も出さず、全土にキリスト教を広めたといわれている。彼が伝えたのがカトリックと考えられている。しかし、じつは東ヨーロッパで根づいた東方教会ではなかったかという説もある。

ともあれ、キリスト教が土着のドルイド教と融合し、キリスト教のなかでも特異なものへと変質した。それがのちにケルト教会と称されるようになった。具体例として、キリスト教の聖ブリジッドを土着宗教の母神ブリギッドと同一視したり、礼拝をドルイド教のように屋外でおこなったり、修道僧が神官ドルイドの剃髪をまね、額の上を剃ったりした（カトリックでは頭頂を剃る）。きわめつけは「ドルイドはキリストなり」と断じた修道僧もいたという。

ケルト教会では修道院が中心となった。そこで修道僧は厳しい戒律の下、禁欲的な生活を送っていた。のちにカトリックのベネディクト会修道院がそれを取り入れた。修道院を

▲聖パトリックの像（北アイルランド・ダウン州のソール）

軸としたキリスト教は、西ヨーロッパではアイルランドだけである。それは3世紀ごろのエジプトやシリアの修道僧の営みを継承したものともいわれている。ロシアやヨーロッパ東部で広く信仰されている東方教会がおなじように修道院制に重きに置いている。

法王（教皇）、枢機卿、大司教、司教、司祭、助祭というヒエラルキー（階級制度）に基づく中央集権的な司教制度をとっているカトリックとは対極にある。ケルト教会では司教よりも修道院長のほうがはるかに権威があり、教会の指導者も司教ではなく、修道院長だった。

ほかにもケルト教会とカトリックとの相違点が多々ある。法王の至上権を認めない。復活祭の日が異なる。聖体拝受の儀式で一般信者にパンとワインの2種類の聖体を与える（カトリックではパンのみ）。聖職者の既婚を認める……など。

スコットランドでケルト教会の布教活動に励んだ聖人が何人もいた。聖ニニアンはブリトン人とみられているが、ほとんどがアイルランド島生まれのスコット人修道僧だった。そのなかでひと際、パワフルだったのがやはり聖コロンバである。

アイルランド島で花開いたケルト教会が異教の地スコットランドに伝わり、ゲール語を伴ってキリスト教と結びついた新たな「ケルト」の文化が浸透していった。その発信地となったアイオナ島はスコットランド史上、極めて重要な地といえるだろう。いや、スコットランドだけでは収まらない。アイオナ島で修行を積んだ聖エイダン（?～651年）が635年、ゲルマン系アングル人の建てた東部ノーサンブリア王国から招かれ、北海に面するリンディスファーン（Lindisfarne）

に立派な修道院を建て、北イングランドにケルト教会を広めた。

こうした隆盛を誇るケルト教会をカトリックの総本山バチカンがいつまでも放置しておけなくなった。664年、ノーサンブリア王国のウィットビー（Whitby）で開かれた宗教会議でリンディスファーンがカトリックの修道院に変わった。それを機に、ケルト教会に少しずつ翳りが見えはじめた。そして前述したように、8世紀末からのヴァイキングによる来寇でアイオナ島が壊滅的な打撃を受け、衰退を余儀なくされた。

## ダンケルド大聖堂

ダルリアダ王国の宗教的な都ともいえるアイオナ島がヴァイキングの脅威に耐えられなくなり、それに代わるところが必要となった。それがアイオナ島の東約178キロにある内陸地のダンケルド（Dunkeld）だった。のちにスコットランド王国の都が置かれたスターリング（Stirling）から直線距離にして北北東約55キロに位置する。テイ（Tay）川の西側はシェークスピアの悲劇『マクベス』に登場するあの有名なバーナム（Birnam）の森が広がっている。

ダンケルドにキリスト教がもたらされたのは570年ごろといわれている。アイオナ島の修道僧（聖コロンバの弟子）が現在、大聖堂の建っているところに僧院をきずいたのがはじまりだという。もともとピクト人の一部族カレドニイ族の中心地で、町の名は「カレドニイ族の砦」という意味がある。

ピクト人の血を引き継ぎながら、スコット人のダルリアダ王国の王位に就き、新たにアルバ王国の王としてスコットランドのほぼ全域を治めたケネス１世（ケネス・マカルピン）が８４８年、ダンケルドで大規模な改修をおこない、一大宗教センターに生まれ変わった。その2年後、アイオナ島の修道院から聖コロンバの遺骨がここに運ばれてきた。そのあと遺骨は分骨され、ひとつはアイルランド・ミース州のケルズ修道院に移された。

テイ川に架かるダンケルド橋を渡ったところがダンケルドの町。その北端に大聖堂が建っている。12~16世紀のゴシックとノルマン様式をミックスさせた建造物だ。もちろん聖コロンバにささげられたものである。ところが16世紀に入ると、宗教改革の嵐が吹き荒れ、１５６０年に大聖堂の一部が破壊され、さらに１６８９年、ジャコバイト派と政府軍が一戦を交えた「ダンケルドの戦い」で大聖堂が完全に壊され、町も廃墟と化した。

その後、大聖堂の修復がなんどもおこなわれ、１９０８年に聖歌隊室（コアー）とチャペルルームが再現された。しかし北側の一般信者席は身廊だけしかなく、空がむき出しの状態だ。なかに入ると、細長い聖歌隊室が広がっていた。右手のステンドグラスが神々しく輝いている。18世紀からこの辺りを治めていたアソル公爵の紋章も見える。

大聖堂の北側に隣接する小さなチャプター・ハウス（会議室）にはキリストの12使徒をあしらった石版が置いてある。それは3段になっており、下の2段に6人ずつ人物が立っている。顔の劣化が激しく、ほとんど表情が判別できない。最上段にはイエスが５０００人分の食べ物を出した奇跡が描かれているらしいが、よくわからない。これらは8~9世紀、ピクト人によって作られた

▲静けさが漂うダンケルド大聖堂

▲キリスト教を受容したピクト人が作った石板

ものである。この地にキリスト教の灯がともってから、キリスト教に改宗するピクト人が増えた。その顕著な表われがこの石板だという。

## セント・アンドリューズ

セント・アンドリューズ（St.Andrews）。ファイフ（Fife）半島の東海岸に位置する、人口1万1000人ほどの町である。ゴルフの発祥地といわれ、世界最大のゴルフ・トーナメント全英オープンの開催地としても知られている。さらに1412年、スコットランドで最初に設立された大学（イギリスでは3番目）、セント・アンドリューズ大学を核としたアカデミック・タウンでもある。その大学はイギリス王室のウィリアム王子（ケンブリッジ公）の母校だ。

そんなセント・アンドリューズだが、スコットランドのキリスト教を考える上でここは避けてとおれない。暗黒時代には、キリモント（Kilymont）と呼ばれていた。ピクト人が名づけたもので、意味は「王たちの荒々しい牧草地」。つまりファイフ半島一帯は南ピクト人の定住地だった。

伝承によれば、ギリシアのパトラで磔の刑に処された聖アンドリュー（キリストの12使徒のひとり、聖ペテロの兄）の遺骸がコンスタンティノープルから船で運ばれ、漂着したところがここキリモントだったという。それゆえセント・アンドリューズの地名が生まれたといわれている。もし事実なら、時代的には紀元1世紀ごろになるだろうか。当時、ピクト人はまだキリスト教徒ではなかった。遺骸というのは1本の歯、ヒザの骨、3本の右手の指、腕の骨だったという。

こんな話もある。4世紀、パトラで聖アンドリューの遺骸を守っていたというギリシア人修道

▲セント・アンドリューズ大聖堂の跡

▲セント・アンドリュー旗

僧、聖ルール（聖レグラス）がそれをこの地へ運んできたのではないかというのだ。大聖堂ができる前から、その聖人にちなんだ聖ルール教会が建っていたが、いまは塔だけが屹立している。

ちなみに、スコットランドの守護聖人となった聖アンドリューはXの形をした十字架で磔刑に処された。だからブルーの下地に白いX型の十字架をあしらったスコットランドの国旗（セント・アンドリュー旗）が生まれた。

セント・アンドリューズの名が歴史上、登場するのは747年のこと。修道院長の死をアイルランドの年代記に記録されている。そのころはアイオナ島がキリスト教の中心地だったが、すでにこの辺りにもキリスト教が広まっていたと考えられる。そして10世紀に入るや、一気にパワーを有するようになった。宗教的な拠点がアイオナ島からダンケルドを経て、セント・アンドリューズに移されたのである。

それによって宗教都市としての地位が固まった。スコットランド王国（アルピン王朝）のコンスタンティン3世（在位900〜942年）がここの修道院長になるがために、王位を捨てたという〝事件〟も起きた。それはセント・アンドリューズの宗教的権威がいかに強かったのかを物語っている。

## ピクトの匂いを放つ聖柩

町の東端にある大聖堂は12〜14世紀に建てられた壮大な建物である。しかし1559年、宗教改革で民衆によって破壊され、いまは芝地のなかに伽藍の壁の一部と塔しか残っていない。その

▲うごめく図像に覆われた聖柩

周囲には墓石だけが蕭然と立ち並んでいる。つくづく思う。カトリックを悪の権化とみなした原理主義的な宗教改革によって、どれほど貴重な文化遺産が消失したことかと……。

12世紀にはセント・アンドリューズは完全にケルト教会からローマ・カトリックに変わり、以降、ますますスコットランドにおけるキリスト教の総本山として隆盛をきわめた。大聖堂の落成式（1318年）にはイングランドから独立を勝ち取ったスコットランド国王ロバート1世（ロバート・ザ・ブルース）が臨席しておこなわれたという。

中世、セント・アンドリューズは、スペイン北西部のサンティアゴ・デ・コンポステーラと並び、ヨーロッパの2大巡礼地となった。それは聖アンドリューの遺骸の一部を収めたといわれる聖柩があったからである。それはひょっとしたら、聖ルールのものかもしれない。

大聖堂の博物館にその聖柩が展示されている。

1833年、聖ルール教会のそばにある墓地から断片が見つかり、それを基にして組み立てられた。8世紀はじめに作られた骨箱で、ピクトの王家の墳墓にあったらしい。場所は不明だ。おそらくこの地にはじめてキリスト教の修道院を建てたと思われるのがピクト人の王たちだった。だから歴史的にみると、このなかに聖人の遺骸は入っていなかったのではないかと推測される。かといって、王と見られる遺体も確認されていない。

聖柩には花コウ岩の表面におびただしい図像が彫り込まれている。左肩にサルを乗せ、ライオンの口を裂こうとする男が右端に立っている。その左には馬に乗ってライオンと闘う男、下にはヤリを手にする男がいる。いずれも旧約聖書のエピソードを表現しており、右端の男性がダヴィデだという。あとのふたりはピクトの王なのだろうか。

まわりにはオオカミやら犬やら、いろんな動物があしらわれている。頭がタカで胴体がライオンという猛獣が馬を襲っている情景もある、石板自体がうごめいているようで、エキゾチックといおうか、独特な雰囲気をかもし出している。

作者は不明。ひとりの彫師の手によるものだという。説明書には、東地中海と中東の美術の影響を受けているが、基本的にはピクトの芸術そのものと記されている。ダヴィデの衣服は明らかにビザンティン風とはいえ、あとのふたりの衣服、武器、馬具などは典型的なピクト人の様式だという。

無秩序に描かれた多くの動物は、ピクトのシンボル・ストーンの定番ともいえる。石柩の角に刻まれた組みひも文様が草にも見えたり、あるいは魚や鳥、動物に見えたりして、ひじょうにミステリアスである。だれが見ても、「ケルト」の装飾と思うにちがいない。

博物館には、石の芸術が数多く展示されている。ほとんどキリスト教絡みのもので、いかに大聖堂が荘厳だったのかがうかがい知れる。よくよく見ると、ピクトの様式が随所に盛り込まれている。

この章では、ざっとスコットランドにおけるケルト教会と呼ばれる初期キリスト教の歩みを綴ってきた。ケルト教会は5〜12世紀まで存続していたことになる。アイルランド島のスコット人によってもたらされた少し異質なキリスト教がピクト人やブリトン人、さらにはアングル人、ヴァイキングの心を奪い、暗黒時代の精神風土に計り知れない影響を与えたのであった。

# エピローグ

スコットランドがひとつの国家として歩みはじめた11世紀に暗黒時代のピリオドが打たれた。しかし国王の暗殺、戦死、不慮の死などにより王位継承でトラブルが頻発し、さらに有力貴族や地方豪族（クラン）の横暴も際立ち、平穏な時期が訪れず、不安定で混沌とした状況が続いた。その間隙を縫って、1296年、自らスコットランド国王と称したイングランド国王エドワード1世（1239〜1307年）に国内の侵入を許し、スコットランドはイングランドのなかば植民地状態になってしまった。

そんななか、完全独立に向けて戦ったふたりの英雄がいた。ウィリアム・ウォリス（1272？〜1305年）とロバート・ブルース（1274〜1329年）である。ハリウッドの俳優メル・ギブソンがウォリスに扮し、自らメガホンを取ったスペクタクル大作『ブレイブハート』（1995年）を観れば、この独立戦争のことがよくわかると思う。自由を求めるスコットランド人の凄まじい気骨とエドワード1世の強欲さに圧倒されるだろう。

中世の面影を残す中西部の町スターリングは独立を象徴する場である。街の北東、フォース川の向こうにウォリスをたたえた高さ67メートルの石塔ウォリス・モニュメント（1869年完成）がそびえている。200数段の階段をのぼっていくと、途中の展示室にウォリスが使っていたとされる剣がガラスケースのなかで光沢を放っていた。まるでアーサー王の聖剣エクスカリバーの

▲大聖堂のように見えるウォリス・モニュメント

▲バノックバーンに建つロバート・ブルースの像

ようだった。

街の中心部から南約4キロの地点にはバノックバーン（Bannockburn）の平原がある。ウォリスがイングランド軍に捕まり、ロンドン塔で処刑されたあと、彼の遺志を受け継ぎ、ブルースがスコットランド国王として1314年、イングランド軍を敗走させた古戦場である。まわりは一面、緑。ゴルフ場みたい。ここでスコットランド軍6000、イングランド軍1万8000の大軍が激突したとは想像だにできない。勝ち戦の記念碑と馬に乗ったブルースの勇姿の像が草原のなかでひときわ映える。ある意味、バノックバーンは「スコットランドの聖地」と呼べるかもしれない。

この勝利のあと、スコットランド王国の独立宣言（アーブロース宣言）がなされたが、無能な国王の即位、有力貴族の反発などによって、またも混乱状態に陥った。ようやく平和な時代が訪れ、スコットランドに繁栄がもたらされたのはジェームズ4世（1473～1513年）の統治下になってからのこと。いわゆる「スコットランドのルネサンス」の時期だ。しかし17世紀にはクランの抗争が激化した。

こう見てくると、「争いの風土」がそう簡単に消え去らなかったことをつくづく思い知らされる。まったくの独断で言えば、暗黒時代の「負の遺産」をスコットランドは近世までずっと引きずってきたのではないかと思えるのである。

# おわりに

暗黒時代……。字のごとく、これまであまり光の当らなかった時代である。スコットランドの歴史書をひも解いてみても、その時代に生きたピクト人、ブリトン人、スコット人、ケルト教会のことは冒頭にほんの少し触れられている程度だ。確かに不明瞭な時期であり、スコットランドの歴史を俯瞰すれば、それほど重要な時期ではないかもしれない。とはいえ、スコットランドのアイデンティティのひとつともいえる「ケルト」が芽吹いたのは、まぎれもなくこの時期だった。だから「ケルト」に興味を持つぼくにとっては、暗黒時代がとてつもなく魅力的に映るのである。

その断片をなんとか切り取ることができないものか。ぼくは学者・研究者ではない。あくまでも市井のケルト愛好家である。しかし元新聞記者なので、現場主義をモットーにして取材すればいいと考えた。文献だけでまとめるよりも、そのほうがずっと説得力があるのではないかと思っている。

「ケルト」紀行シリーズ全10巻（彩流社刊、1999〜2008年）を上梓するため、アイルランド、スコットランドのヘブリディーズ諸島、イギリスのウェールズ、イングランド、フランスのブルターニュ、さらにはスペインのガリシア、イタリアなどヨーロッパ大陸の各地に足を伸ばし、当地の現状とともに「ケルト」の足跡を追い求めてきた。シリーズ第7弾『東ヨーロッパ「ケルト」紀行~アナトリアへの道を歩く』（2005年）の取材では、ヨーロッパを越え、トルコにまで至った。今回も情報収集の点では基本的に従来とおなじ手法を用いたが、書き方については紀行文ではなく、4つの章を定め、主としてルポルタージュ形式でまとめた。

取材旅行は2010年の夏、エディンバラからスタートした。まず西部アーガイル地方に向かい、一転、スコットランド南端のウィッソーンへ。そこからからあちこち寄り道しながら、最北端のシェットランド諸島に渡った。移動した総距離はざっと2500キロ。北海道の稚内から沖縄の那覇までの距離とほぼおなじ。3週間という期間のわりにはよく動いたと思うし、情報量も驚くほど多かった。久しぶりに濃厚な旅をした。そんな思いでいっぱいだ。本書では、以前、訪れたところも加味している。

スコットランドの「ケルト」を探る旅だったが、途中からピクト人の足跡を求める旅になってしまった。なにしろ訪れた先々でピクトの世界が待ち受けていたのだからどうしようもない。ピクト人がケルト系の人たちで、彼らが発信したものを「ケルト」と考えるのなら、それがスコットランドの「ケルト」の本質に迫ることになる。実際、そのとおりだった。多くの博物館ではピクト＝「ケルト」と解説していた。

暗黒時代というやっかいな時代を自分なりにしっかり〝消化〟するため、思いのほか時間がかかった。正直、文章化するのにかなり手こずった。住居跡ブロッホやシンボル・ストーンなどやたら石ばかりを紹介し、少し無機質な内容になってしまった。また、『Ⅳ ケルト教会』の章で、

「南のキリスト教」、「北のキリスト教」としたのは、あくまでも便宜上のことで、歴史的な用語ではない。独断でそう記した。ご理解いただきたい。

本書をシリーズ第1弾『スコットランド「ケルト」紀行～ヘブリディーズ諸島を歩く』（彩流社、改訂版、2010年）とセットで読んでいただければ、「ケルト」のフィルターで捉えたスコットランドをより深く理解できると思う。

旅の道中、スコットランドの人たちには本当にお世話になった。悪天候の日が続いたが、現地の人たちの温情のおかげで、めげることもなく、旅を完遂させることができた。妻もよく踏ん張って、強行軍の旅についてきてくれた。感謝の念に耐えない。

最後に編集に当たってくれた言視舎の杉山尚次さんにお礼を申し上げたい。「ケルト」紀行シリーズのはじめから14年間にわたり、ぼくと「ケルト」との絆を強めてくれたことがなによりもうれしい。

2013年6月　大阪・新町の自宅にて

▼スコットランド歴史年表　　　　＊関連事項

BC

| | |
|---|---|
| 9000 | 最初の狩猟採集民がスコットランドに来る |
| 4000 | 新石器時代（～2000）　巨石モニュメント、墳墓を建造 |
| 2000 | 青銅器時代（～750）　ビーカー人の到来 |
| 750 | 鉄器時代（～AD79） |
| 700 | ブロッホが建てられはじめる（～200） |
| ＊5世紀 | ラ・テーヌ文化期（～同1世紀） |

AD

| | |
|---|---|
| ＊43 | ローマのイギリス本島への侵攻　属州ブリタニア |
| 81 | ローマの総督アグリコラのスコットランド遠征（78年の説も） |
| 83 | ローマの艦艇がシェットランド諸島を探査 |
| 84 | モンス・グラウピウスの戦い　ローマ軍がカレドニア人（ピクト人？）を破る |
| ＊122 | ローマ帝国がハドリアヌスの城壁着工（～126） |
| ＊139 | ローマ帝国がアントニヌスの城壁着工（～140） |
| ＊3世紀 | アイルランド島のスコット人がスコットランド西部と交易 |
| 297 | ローマ人が詩のなかでピクト人を記述 |
| 4世紀 | ピクト人がバーグヘッド要塞を建造（～6世紀） |
| 397 | 聖ニニアンがウィッソーンでスコットランド最初のキリスト教布教（500年説もある） |
| 5世紀 | 暗黒時代（～11世紀） |
| 400 | ブリトン人がストラスクライド王国を建国 |
| ＊410 | ローマ軍がイギリス本島から撤退 |
| 450 | 南部にキリスト教が広まる |
| 6世紀 | ピクト人がシンボル・ストーンの制作に着手（～9世紀末） |
| 500頃 | アイルランド島のスコット人が渡来　ダルリアダ王国を建国　ゲール文化の流入 |
| 6世紀半ば | ピクトの王が出現 |
| 562 | ダナッドにスコット人が定住 |
| 563 | 聖コロンバがアイオナ島に修道院を建てる |
| 565 | 聖コロンバがピクト王ブルードに謁見、ピクト人への布教を許される |
| 570 | ダンケルド修道院が建造される |

| | |
|---|---|
| 638 | アングル人がディン・エディン（エディンバラ）を攻略 |
| 664 | ウィットビーの宗教会議でケルト教会がカトリックに敗北 |
| 685 | ネクタンズミアの戦い　ピクト人がアングル人（ノーサンブリア王国）を破る |
| 756 | ピクト人とアングル人の連合軍がダンバートンを攻略 |
| 790 | ヴァイキングが海岸部に到来 |
| 800ごろ | ヴァイキングがオークニー諸島、シェットランド諸島に到来 |
| 843 | スコット人のダルリアダ王国とピクト王国が併合、アルバ王国となる |
| 846 | アルバ王国のケネス１世が都をダナッドからスクーンへ移す |
| 849 | ケネス１世紀が聖コロンバの遺骸の一部をアイオナ島からダンケルドへ移す |
| 870 | アルバ王国がダンバートンを攻略 |
| 875 | ヴァイキングがケイスネスに定住 |
| 900ごろ | ピクト人が歴史上、消える　ピクト語もなくなり、ゲール語に変わる |
| 973 | アルバ王国がロジアンを支配 |
| 1018 | カーラムの戦い　アルバ王国がアングル人を駆逐する |
| 1034 | アルバ王国がストラスクライド王国を吸収 |
| 11世紀前半 | スコシア（スコットランド）王国の名称が生まれる |
| 1070 | スコットランド国王マルカム３世がイングランド王家のマーガレットと結婚 |
| 1092 | スコットランドとイングランドの国境が定まる |
| 1107 | ストラスクライド王国が完全消滅 |
| 13世紀 | スコットランド独立戦争（～14世紀初） |
| 1263 | ラーグスの戦い　スコットランド軍が西部海域でノルウェー軍を破る |
| 1266 | スコットランド北部の領有権をスコットランド王国がノルウェー王国から譲渡される |
| 1296 | スコットランド王国がイングランド王国の直轄統治下になる　独立戦争激化<br>「スクーンの石」がイングランド国王エドワード１世に持ち去られる |
| 1314 | バノックバーンの戦い　スコットランド国王ロバート１世がイングランド軍を破る |
| 1320 | スコットランド王国の独立宣言（アーブロース宣言） |

1328　スコットランド王国の独立がイングランド王国に認められる
1471　オークニー諸島、シェットランド諸島の領有権をスコットランド王国がノルウェー＝デンマーク王国から譲渡される
15世紀末〜16世紀　スコットランドのルネサンス
1560　スコットランドで宗教改革　カトリック教会に打撃
1692　クラン（氏族）同士の抗争激化　グレン・コーの大虐殺
1707　大ブリテン王国　スコットランド王国とイングランド王国が併合
1715　１回目のジャコバイト（ジェームズ・フランシス・エドワード）の反乱
1745　２回目のジャコバイト（チャールズ・エドワード・スチュワート）の反乱
1746　カローデンの戦い　ジャコバイト軍が政府軍に敗れる　ゲール文化の弾圧始まる
1762　ハイランドでクリアランス（強制移住）が始まる（〜1886）
1775　ゲール語スピーカーがスコットランドの人口の22.8%を占める
1881　ゲール語スピーカーがスコットランドの人口の6.1%に減少
＊1914　第１次大戦（〜1918）
1923　ＢＢＣラジオのゲール語放送開始
＊1939　第２次大戦（〜1945）
1951　「スクーンの石」が愛国者によってロンドンから奪回、スコットランドに戻る
1960　経済沈滞が深刻　北海油田の採掘開始
1991　ゲール語スピーカーがスコットランドの人口の1.3%に
1999　スコットランド自治政府と議会が設立
2011　独立推進を目指すスコットランド民族党が単独過半数を獲得
2014　独立の是非を問う国民投票（9月18日）

▼主な参考文献

『Celtic from the West』2011 Oxbow Books:Barry Cunliff, John Koch
『A Wee Guide to The Picts』2009 Goblinshead
『Meigle Museum／Pictish Carved Stones』2009　Historic Scotland：Anna Ritchie
『A Wee Guide to Prehistoric Scotland』2005 Goblinshead
『Kirmartin／Scotland's richest prehistoric landscape』1999　Kirmartin House Trust: Rachel Butter
『Celtic Scotland』1997 B.T.Batsford Ltd:Ian Armit
『The Pictish Guide』1997 Birlinn Ltd:Elizabeth Sutherland
『Celtic Britain』1997 Thames & Hudson Inc.:Charles Thomas
『Celtic Travellers／Scotland in the Age of the Saints』1997　The Stationary Office：Donald Smith
『Picts』1997 The Stationary Office Publications : Anna Ritchie
『Prehistoric and Viking Shetland』1994　The Shetland Times Ltd：Noel Fojut

『スコットランド「ケルト」紀行〜ヘブリディーズ諸島を歩く』2010　彩流社：武部好伸
『ケルト神話・伝説事典』2006　東京書籍：ミランダ・J・グリーン　渡辺充子、大橋篤子、北川佳奈〔訳〕井村君江〔監訳〕
『図説　スコットランド』2005　河出書房新社：佐藤猛郎、岩田託子、富田理恵〔編著者〕
『ケルト歴史地図』2003　東京書籍：ジョン・ヘイウッド　井村君江〔監訳〕、倉嶋雅人〔訳〕
『ケルト文化事典』2002　大修館書店：ジャン・マルカル　金光仁三郎、渡邊浩司〔訳〕
『ケルト事典』2001　創元社：ベルンハルト・マイヤー　平島直一郎〔訳〕、鶴岡真弓〔監修〕
『図説　ケルト』2000 東京書籍：サイモン・ジェームズ　吉岡晶子、渡辺充子〔訳〕、井村君江〔監訳〕
『図説　ケルトの歴史　文化・美術・神話をよむ』1999　河出書房新社：鶴岡真弓、松村一男
『図説　ケルト文化誌』1998 原書房：バリー・カンリフ　蔵持不三也〔監訳〕
『スコットランド王国史話』1988　大修館書店：森護
『スコットランド史　その意義と可能性』1998　未来社：ロザリンド・ミチスン〔編〕、富田理恵、家入葉子〔訳〕
『スコットランド物語』1997　大修館書店：ナイジェル・トランター　杉本優〔訳〕

《著者紹介》
武部好伸（たけべ・よしのぶ）
エッセイスト。1954年大阪市生まれ。元読売新聞大阪本社記者。日本ペンクラブ会員。関西大学社会学部非常勤講師。ケルト文化、映画、洋酒をテーマにユニークな執筆活動を展開中。著書に『スコットランド「ケルト」紀行～ヘブリディーズ諸島を歩く』『アイルランド「ケルト」紀行～エリンの地を歩く』など「ケルト」紀行シリーズ全10巻（彩流社）、ビジュアル版『ヨーロッパ「ケルト」紀行』上下巻（同）。『ウイスキーはアイリッシュ』（淡交社）、『シネマティーニ　銀幕のなかの洋酒たち』（同）、『ケルト映画紀行～名作の舞台を訪ねて』（論創社）など。

**スコットランド「ケルト」の誘惑**
幻の民ピクト人を追って

発行日❖2013年7月31日　初版第1刷

著者
武部好伸

発行者
杉山尚次

発行所
株式会社言視舎
東京都千代田区富士見2-2-2　〒102-0071
電話03-3234-5997　FAX 03-3234-5957
http://www.s-pn.jp

組版
勝澤節子

印刷・製本
㈱厚徳社


ISBN978-4-905369-64-6 C0026

# 彩流社・武部好伸「ケルト」紀行シリーズ　10点

## スコットランド「ケルト」紀行～ヘブリディーズ諸島を歩く
ヨーロッパ最後の「辺境」、スコットランドのヘブリディーズ諸島には、手つかずの自然と豊かなケルト文化が息づいている。アイルランド、イングランド、ヴァイキングとの歴史的な関係をふまえながら、ケルト文化と密接に関わる島々の風土、地元住民の暮らしぶりを丁寧に紹介。

4-88202-599-X C0026　四六判・上製　定価2500円＋税（カラー口絵付き）

## スペイン「ケルト」紀行～ガリシア地方を歩く
「ラテンの鎧を着たケルト」とは何か？ アイルランド、スコットランド、ブルターニュなどと並んで<ケルト文化圏>に加えられるスペインのガリシア地方に、現在のケルトの息吹き、過去とのしがらみ、住民の気質や風土をたずねる。

4-88202-647-3 C0026　四六判・上製　定価2200円＋税

## 北アイルランド「ケルト」紀行～アルスターを歩く
紛争の影と同居するケルトの遺産を探索する。宗教・政治対立の火種がくすぶり続ける街々に、豊かなケルト文化と重層的なアイルランドの歴史を見出し、街の人々の声を交えながら「もうひとつのアイルランド」を描く。

4-88202-716-X C0026　四六判・上製　定価2200円＋税

## 中央ヨーロッパ「ケルト」紀行～古代遺跡を歩く
ケルト文化の源流を求めて！　ケルトの古代史をたどるように、オーストリア、ドイツ、スイス、フランスのブルゴーニュとプロヴァンスのケルト遺跡を訪ねる。ヨーロッパ文化の基底には〈ケルト〉があった！

4-88202-767-4 C0026　四六判・上製　定価2200円＋税

## フランス「ケルト」紀行～ブルターニュを歩く
ケルト紀行シリーズ５作目。フランス異色の地・ブルターニュは、ケルトの宝庫だった。各地にのこるアーサー王伝説、聖アンナ信仰、奇妙な巨石、ブルトン語、さまざまなフェスティバルなど、ケルトを幻視する歴史紀行。

4-88202-826-3 C0026　四六判・上製　定価2300円＋税

## ウェールズ「ケルト」紀行～カンブリアを歩く
シリーズ第６弾！ イギリスの中の国ウェールズの深部を探る。「聖地」セント・デヴィッズ、ネヴェルンの「ケルト十字架」、「最果ての聖なる島」バージィー島、スノードニアの「巨人伝説」等、複雑なウェールズ史を読み解き歩く。

4-88202-908-1 C0026　四六判・上製　定価2300円＋税

## 東ヨーロッパ「ケルト」紀行～アナトリアへの道を歩く
東へ向かった古代ケルト人を追って。東欧の旧社会主義国、チェコ、スロヴァキア、ハンガリー、セルビア・モンテネグロ、ルーマニア、ブルガリアを経て、ギリシア、トルコまで８カ国、5320キロにも及ぶ歴史探索紀行。

4-7791-1104-8 C0026　四六判・上製　定価2300円＋税

## イングランド「ケルト」紀行～アルビオンを歩く
イギリス＝連合王国をはじめ、ヨーロッパ全体を「ケルト」の視点で踏破する世界的にもユニークな連作第８弾！ イングランドの「僻地」まで丹念にまわり、古代より大陸とは別に熟成していたイギリス本島独自の「ケルト」を探索。

4-7791-1193-5 C0026　四六判・上製　定価2500円＋税（カラー口絵付き）

## イタリア「ケルト」紀行～キサルピナを歩く
「ローマ」以前、ケルト人はアルプスを越えてやって来た！北イタリアのトリノ、ミラノ、ブレーシャ、ボローニャなど多く都市は、古代ケルト人がきずいた砦や集落から発展したものだった。ヨーロッパを「ケルト」で踏破する連作第９弾！

978-4-7791-1017-7 C0026　四六判・上製　定価2200円＋税

## アイルランド「ケルト」紀行～エリンの地を歩く
足掛け10年、ヨーロッパのほぼ全域、英国全土を巡ったのち、最も「ケルト」的と目されているアイルランド共和国は、どのように見えてくるのか？　ケルトの「実像」をもとめてさまざまな「聖地」を旅する。シリーズ10巻完結篇。

978-4-7791-1040-5 C0026　四六判・上製　定価2300円＋税

（刊行順）